越南：河內 胡志明市

順化 會安

33

◎ City Target

U0018649

MOOK

越南:河內 胡志明市
順化 會安

33 | City Target

contents

本書所提供的各項可能變動性資訊,如交通、時間、價格、地址、電話或網址,係以2023年12月前所收集的為準;但此類訊息經常異動,正確內容請以當地即時標示的資訊為主。

如果你在旅行中發現資訊已更動,或是有任何內文或地圖需要修正的地方,歡迎隨時指正和批評。你可以透過下列方式告訴我們:

寫信:台北市104中山區民生東路二段141號9樓MOOK編輯部收
傳真:02-25007796
E-mail:mook_service@hmg.com.tw
FB粉絲團:「MOOK墨刻出版」www.facebook.com/travelmook

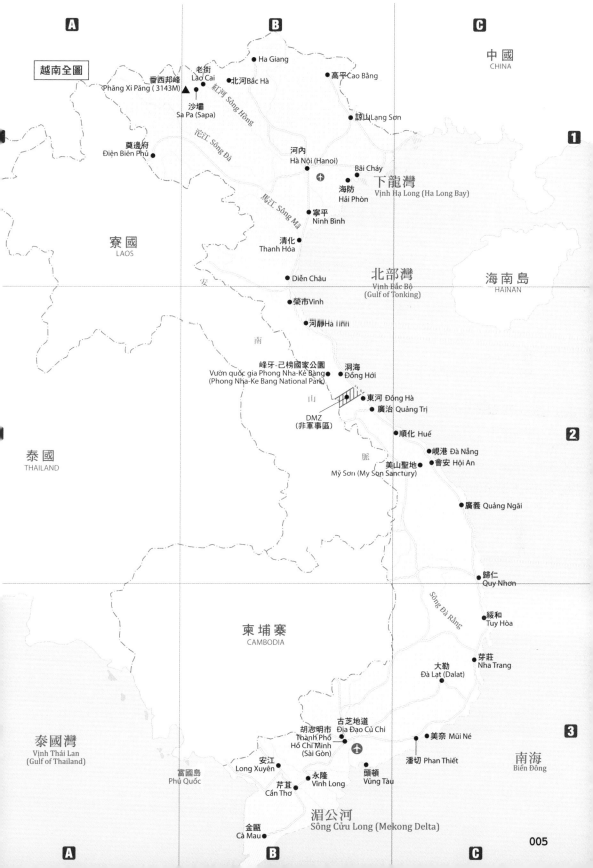

越南全圖

A | B | C

A

中國
CHINA

老街
Lào Cai

Ha Giang

北河 Bắc Hà

高平 Cao Bằng

晉西邦峰
Phăng Xi Păng (3143M) ▲

紅河 Sông Hồng

諒山 Lang Sơn

沙壩
Sa Pa (Sapa)

1

莫邊府
Điện Biên Phủ

沱江 Sông Đà

河內
Hà Nội (Hanoi)

拜寨
Bãi Cháy

下龍灣
Vịnh Hạ Long (Ha Long Bay)

馬江 Sông Mã

海防
Hải Phòn

寧平
Ninh Bình

寮國
LAOS

清化
Thanh Hóa

北部灣
Vịnh Bắc Bộ
(Gulf of Tonking)

海南島
HAINAN

Diễn Châu

榮市 Vinh

安

河靜 Hà Tĩnh

南

峰牙-己榜國家公園
Vườn quốc gia Phong Nha-Kẻ Bàng
(Phong Nha-Ke Bang National Park)

洞海
Đồng Hới

山

東河 Đông Hà

DMZ
(非軍事區)

廣治 Quảng Trị

2

脈

順化 Huế

泰國
THAILAND

峴港 Đà Nẵng

會安 Hội An

美山聖地
Mỹ Sơn (My Son Sanctuary)

廣義 Quảng Ngãi

歸仁
Quy Nhơn

Sông Đà Rằng

綏和
Tuy Hòa

柬埔寨
CAMBODIA

芽莊
Nha Trang

大勒
Đà Lạt (Dalat)

古芝地道
Địa Đạo Củ Chi

胡志明市
Thành Phố
Hồ Chí Minh
(Sài Gòn)

美奈 Mũi Né

3

泰國灣
Vịnh Thái Lan
(Gulf of Thailand)

潘切 Phan Thiết

南海
Biển Đông

安江
Long Xuyên

永隆
Vĩnh Long

頭頓
Vũng Tàu

富國島
Phú Quốc

芹苴
Cần Thơ

金甌
Cà Mau

湄公河
Sông Cửu Long (Mekong Delta)

A | B | C

航向越南的偉大航道

護照辦理

什麼狀況下需要辦？

- 未持有護照。
- 護照效期不足6個月時。

哪裡辦？

　　首次申請普通護照者，需本人親自至領事事務局或外交部中、雲嘉南、南、東辦事處辦理。若實在無法親自，也必須先親自到戶籍所在地之戶政事務所辦理「人別確認」，再備齊相關文件，委託交通部觀光局核准之綜合或甲種旅行社代辦（一般加收約300元）。換發護照者不在此限。若想縮短在辦事處等待的時間，建議可先上網於「個人申辦護照網路填表及預約系統」填寫簡式護照資料表及上傳數位照片。

外交部領事事務局

⊙台北市濟南路一段2-2號（中央聯合辦公大樓）3~5樓 ☏(02) 2343-2888（總機）、(02) 2343-2807~8（護照查詢專線） ◷週一至週五08:30~17:00，週三延長至20:00（以下各區辦事處皆同） ⊕www.boca.gov.tw

外交部中部辦事處

⊙台中市黎明路二段503號1樓（行政院中部聯合服務中心廉明樓） ☏(04) 2251-0799

外交部雲嘉南辦事處

⊙嘉義市東區吳鳳北路184號2樓之1 ☏(05) 225-1567

外交部南部辦事處

⊙高雄市苓雅區政南街6號（行政院南部聯合服務中心）3~4樓 ☏(07) 715-6600

外交部東部辦事處

⊙花蓮市中山路371號6樓 ☏(03) 833-1041

如何辦？

　　相關規定在外交部領事事務局網站有詳盡說明，以下僅作簡要介紹。

準備：

- 新式國民身分證正本(14歲以下需準備戶口名簿或3個月內戶籍謄本)。
- 護照專用白底彩色照片2張(6個月內近照)
- 簡式護照資料表
- 法定代理人新式國民身分證正本及監護權證明文件（未滿18歲需要）
- 陪同者新式國民身分證正本與法定代理人的委任陪同書（未滿14歲需要，若陪同者非法定代理人，可委任三親等內親屬陪同）
- 外文姓名拼音（可參考外交部領事事務局網站。換發新護照者，需沿用舊護照拼音）。
- 36歲以下役齡男性，須另外準備退伍令正本或免役令正本。
- 換發護照者需準備舊護照。

要多久？

　　一般為10個工作天，這失護照則須11個工作天。如果是急件，可以加價提前辦理，最快為隔天取件。

多少錢？

　　護照規費為1300元（未滿14歲者，規費為900元）。辦理急件，提前9個工作天領取，加收900元。

效期

年滿14歲，10年；未滿14歲，5年。

簽證辦理

越南簽證分別有旅遊、商務、長期商務等類別，電子簽證可依需求選擇單次或多次入境，有效期最長為90天。申請電子簽證請備妥下列文件，前往越南入境處網站填寫與上傳資料。

完成線上申請會收到代碼，線上刷卡支付電子簽證費25美元(單次)或50美元(多次)後，電子簽證於3~15個工作天後核發；期間可透過電子檔案代碼查詢進度，收到核發的電子簽證，必須自行列印出與護照一起旅行入境，由於越南電子簽證為單張紙本，不會黏貼在護照上，所以要小心保管，避免遺失。

🌐evisa.xuatnhapcanh.gov.vn

電子簽證所需資料
- 4X6公分的證件照電子檔
- 有效期限6個月以上的護照個人資料頁電子檔
- 信用卡(線上刷卡繳交簽證規費)

駐台北越南經濟文化辦事處

📍台北市松江路65號3樓　☎(02)2516-6626

🕐8:00~12:00、14:00~16:00

旅遊諮詢與實用網站

越南觀光旅遊局

🌐vietnam.travel

駐越南臺北經濟文化辦事處
Taipei Economic and Cultural Office

📍20A/21st Floor, PVI Tower, No.1, Pham Van Bach Road, Yen Hoa Ward, Cau Giay District, Hanoi

☎(24)3833-5501

急難救助0913-219-986(境內直撥)

駐胡志明市臺北經濟文化辦事處
Taipei Economic and Cultural Office

📍336 Nguyen Tri Phuong Street, Ward 4, District 10, Ho Chi Minh City

☎(28)3834-9160~5

急難救助0903-927019(境內直撥)

線上就能申請的越南eVisa電子簽證

截至2023年8月15日，越南政府正式開放所有國家旅客申請電子簽證，可大幅縮減高額的簽證費用和繁瑣申請手續。需要特別留意的事，若申請被拒絕或申請表中填寫錯誤資料，簽證費則不予退還。而原本的紙本簽證暫停受理個人申請，僅可透過代辦機構與旅行社辦理。

可能被查驗文件

雖然在一般情形下這些文件不一定會用得上，但還是儘量齊備，以備海關人員心血來潮，要求查驗。這些文件包括：

- 來回航班訂位紀錄或機票
- 旅遊行程表
- 當地旅館訂房紀錄或當地親友邀請函
- 英文存款證明或其他足以證明自己能在當地維生的證明
- 公司名片或英文在職證明等等

飛航資訊

以往前往越南多半為商務和兩地聯姻的需求，但近年來越南的觀光旅遊越來越熱門，國內前往越南的直航航點和航班也逐漸增加中。目前台北直航的城市包含河內、峴港、胡志明市，飛航時間約為3~3.5小時，高雄直航的航點則為河內和胡志明市，另有越捷航空經營台北直飛芹苴的航線，若要由其他城市進入越南則需要轉機。航空公司班次和班表變動幅度較大，相關資訊請洽航空公司或上網查詢。

航空公司	目的地	訂位電話	網址
越南航空	河內、胡志明市、芹苴	(02)2567-8286	www.vietnamairlines.com
長榮航空	河內、峴港、胡志明市	(02)2501-1999	www.evaair.com
中華航空	河內、峴港、胡志明市	(02)412-9000	www.china-airlines.com
台灣虎航	峴港	(02)7753-1088	www.tigerairtw.com
星宇航空	河內、峴港、胡志明市	(02)2791-1199	www.starluxairlines.com
越捷航空	河內、胡志明市、芹苴	0800-661-886	vietjetair.com
越竹航空	河內	(02)2504-8787	www.bambooairways.com

越南行前教育懶人包

基本資訊
越南

正式國名：越南社會主義共和國Socialist Republic of Vietnam

地理位置：越南位於中南半島的東南端，北鄰中國，西邊和柬埔寨、寮國接壤，整個東面和南海相鄰，海岸線長達3200公里。

面積：331,688平方公里

人口：99,818,342人

首都：河內

宗教：有6大宗教，主要是佛教和天主教。

語言：越南語

最佳旅行時刻 When to go

越南全年都是適合旅遊的時節，不過在農曆春節時，當地不少商店是休息關門的，行程可能會受到影響。夏季到當地若行程需長時間在陽光下進行，要注意防曬，而山區城市如沙壩，則日夜溫差非常大，白天可能因健行曬傷，入夜後又需要加件薄外套。

越南旅遊季節

越南天氣是高溫又潮溼，平均氣溫為21~27度，屬於熱帶季風氣候。由於狹長的國土，氣候南、北越不同，在北方四季分明，可感受到春、夏、秋、冬，天氣受季風影響，11~3月時，天氣寒冷乾燥，到12月及1月時，在一些山區如沙壩及老街省，將有下雪的可能。

南部的年均溫為26度，氣候分為乾季及雨季，乾季在11~4月，最熱的時候是雨季前的4~5月，溼度也非常高，雨量最多的時候大約是6~9月，不過每年雨季來臨的時間不一定。所幸越南即使是雨季，也不至於會下一整天，一陣大雨過後恢復晴朗又可以出門走走。

中部的城市如洞海、順化、峴港等，雨季自9月一直到隔年1、2月，乾季則自3月到8、9月。若在雨季造訪峰牙 己榜國家公園的峰牙洞，有可能因為河水高漲而無法乘船進入洞窟，這時只能走路進入。

越南旅行日曆

1月	·元旦新年 ·每兩年舉行一次的大勒花卉節「Dalat Flower Festival」，自12月即開始跨到隔年1月
2月	·2/3共產黨成立週年紀念日 ·農曆1/1越南也會舉行中國的春節慶典
3月	胡志明市將舉行人力車挑戰賽「Saigon Cyclo Challenge」
4月	·4/30南越解放日 ·順化舉行大型文化慶典「Hue Festival」，有音樂、舞蹈等藝術展演 ·峴港國際煙火節「Danang International Fireworks Festival」
5月	·5/1國際勞動節 ·5/19胡志明誕辰紀念日 ·佛祖紀念日
6月	每兩年舉行一次的芽莊海洋慶典「Nha Trang Sea Festival」登場(日期不一定)
8月	中元節又稱盂蘭節，是越南重要的傳統節慶
9月	9/2國慶日
10月	農曆8/15是中秋節，同時也是兒童節
12月	12/25耶誕節雖不是當地傳統節日，不過在胡志明市及河內等地的教堂，都會有宗教活動進行

越南當地旅遊

時差

越南當地時間比台灣慢1小時。

貨幣

越南的幣值為盾(Dong，以VND表示)，越盾的面額有500,000、200,000、100,000、50,000、20,000、10,000、5,000、2,000、1,000、500、200

和100。通常500,000越盾屬大額鈔票，很難找開，10,000~200,000之間的鈔票最好用，500以下面額的鈔已很少用。一般商店是以千元為計算單位，例如一杯咖啡5,000越盾，帳單上就寫5；一盤菜20,000，帳單上寫20。

匯率

台幣兌越盾約為1:777，有些大城市的銀樓接受直接以新台幣換匯，不過一般來說，持美金或歐元到當地銀行兌換較方便，匯率也比較好，但要配合銀行上班時間，美金兌越盾約為1:24,290，台幣兌美金約為1: 0.032。（2023年12月匯率）旅行社也有兌換服務，此外機場跟飯店兌換的匯率通常會比較差一些，不過也就是差幾百元越盾，一美金可能才少不到台幣一元。另外換的金額愈大，匯率也會比較好。在越南購買旅遊行程或住宿都可以用買美金交易，不過他們在將越盾換算成美金時，匯率都是比較差的算法。

電信

台灣直撥越南：

各電信業者國際通話碼-84-城市區域代碼-電話號碼

（中華電信為002或009，亞太為005，台灣大哥大為006，遠傳為007）

越南直撥台灣市話：

00-886-城市區域代碼-電話號碼

當地實用號碼

113 警局　　　　　　114 火警
115 救護專線　　　　116 查號台

電壓與插座

越南的電壓為220V，插座為兩孔和三孔混用。

小費

越南的餐廳帳單皆已包含服務費，所以可以省略。如果在較高級的餐廳，可考慮給一點小費。飯店的行李小弟或有利用到房間服務時，可給1美金的小費。

旅遊注意事項

1. 入住旅館時，櫃台會要求出示護照，待資料填寫完畢再歸還旅客，有些甚至會將護照留在旅館，等到退房時才還給旅客，退房時要記得跟旅館拿回護照。

2. 在越南租摩托車時，都會附上安全帽，不過油箱通常都是快見底了，最好先到加油站加油再開始走行程。有些知名觀光景點會有固定的機車停車場，停妥後，記得跟收費員索取停車單夾在車上，這張單子是離開付費的依據。若遇假冒收費員騙取停車費，可詢問景區的管理員。此外，在越南租摩托車時，雖然大多不會要求登記國際駕照，但現在熱門觀光區域常有警察攔下外國旅客臨檢，若沒有國際駕照還是會收到罰單。

3. 人力車都需要講價，並且常有糾紛，搭乘前最好先確認價格及內容。

4. 搭乘計程車及選擇旅行社，都要選擇各城市有公信力的公司，才不易發生問題；若擔心搭計程車的行車糾紛狀況，建議可使用通行於東南亞的叫車APP 「Grab」。此外，旅行社名稱常有仿冒的狀況，務必確認旅行社名稱的完整性。

5. 預訂旅館可從知名網路上訂購或是用e-mail直接跟旅館連繫，兩者都非常便利，不過還是要選擇有口碑的比較保險。

Do you know

南北越大不相同

越南的國土狹長，橫跨緯度範圍大，南北越因為氣候和地理存在著差異，而在許多文化上發展出不同的樣貌。20世紀的南北越分裂更是造成了文化差異的加深，今日來到越南觀光可以觀察一些南方有趣的不同，像是北越習慣吃米粉等傳統食物作為早餐，南越受到西方影響較深，早上就要喝咖啡；北越的攤販常常直接挑擔子上街，而南越的攤販更多的是使用推車；北越民風較為純樸，夜生活沒有南越豐富，像是河內前幾年才取消了宵禁，在胡志明市玩到通宵則是這裡的日常；細細體會這些差異也是來越南的其中一個觀光特色喔！

越南交通攻略
Transportation in Vietnam

越南國土狹長，北、中、南越城市風情各有特色，造訪不同城市除了參加當地旅行社的團外，較長距離的城市有便捷的飛機、火車及長途巴士可選擇。這些全然不同的搭乘體驗，也將在行程留下難忘回憶。

飛機

到越南旅遊若行程較趕，又想跨到北、中、南越的大城，那就必需搭配內陸段飛機。越南航空是越南國家籍航空公司，目前是天合聯盟的成員之一，在越南大小城市都有航班飛行。

此外，越捷航空和越竹航空也提供國內航線服務。以河內到胡志明市為例，每日班次頻繁，航程只需約2小時，河內到位於中越的順化只要1小時15分，因此安排行程時，可考量各點間的交通距離，來選適合的交通工具。

旅行越南之際，也可運用越航連結中南半島的旅遊大城，例如吳哥窟、金邊、永珍、曼谷、仰光、吉隆坡等。越南航空購票有兩種方式，可直接至越航官網或向代理旅行社購買。越航經濟艙托運行李限重23公斤，手提行李限一件10公斤。

越南航空
☎台北訂位組(02)2567-8286、越南境內直撥1900-1100、海外客服+84(24)3832-0320
🌐www.vietnamairlines.com
越竹航空
🌐www.bambooairways.com
越捷航空
🌐www.vietjetair.com

越南當地熱門航點

地點	出發地點	航程/每日班次
順化(HUI)	胡志明市	約1小時30分/ 4~5
	河內	約1小時15分/ 2
峴港(DAD)	胡志明市	約1小時20分/ 10
	河內	約1小時30分/ 10
芽莊(CXR)	胡志明市	約1小時15分/ 5~6
	河內	約2小時/ 5
大勒(DLI)	胡志明市	約55分/ 6~7
	河內	約2小時/ 2~3
富國島(PQC)	胡志明市	約1小時/ 10
	河內	約2小時15分/ 3~4

火車

越南火車有固定班次，車上也有服務人員，極具歷史的設備，再加上若預訂的是有冷氣的舒適軟臥車廂，搭乘一段過夜的越南火車，將是節省時間又能感受在地生活的方式。

縱貫越南的「統一鐵路」，自河內至胡志明市，全長1,726公里，連接順化、峴港、芽莊等重要的景點。除了「統一鐵路」，還有3條以河內為起點的鐵路線，分別到海防、老街和同登(Đông Đăng)。

搭乘火車時，河內和胡志明市站由於外國觀光客眾多，用英語購票、詢問站務員都不成問題。

購票須知

火車票最好提前預訂，以免向隅，尤其旺季時愈早購買愈好。除了自行前往車站購買，若沒有時間親自預購火車票，也可委託當地旅行社或下榻的飯店代購，不過價格會比自行購買較高。火車票價會隨季節而略有波動，此外也與預訂列車等級有關，由河內到順化搭乘SE1、SE2列車為例，有冷氣的軟座約為523,000越盾，最貴的軟臥下鋪約為884,000越盾；到胡志民市最便宜且有冷氣的硬臥上鋪約為1,005,000越盾、最貴的軟臥下鋪約為1,460,000越盾。

越南火車路線圖

座位種類

列車種類有很多種，由河內往南出發的火車班次都是奇數；而往北的火車則為偶數。速度愈快的火車價格也較愈高，速度較快的車種如SE3及SE4，TN則是比較慢的列車。

火車車廂種類分為硬座、軟座，和硬鋪、軟鋪，硬鋪又分上、中、下臥鋪，6個人一間；軟鋪只有上、下鋪之分，4人一間，也因此軟鋪的票價較貴，但人數少在夜晚睡眠時比較不易受干擾，也相對安全。

搭車須知

越南火車站及列車上都有穿制服的工作人員，有任何問題可以詢問他們，要注意的是車站有不少人佯裝是工作人員，為免不必要的糾紛，最好還是不要與這些人打交道。

訂睡鋪的旅客行李可以放在各床靠車廂的置物空間，但是空間不大，若是大型的行李箱得放到下鋪旁的地面，建議貴重物品要隨身攜帶。火車上有洗手間，過夜旅客可在車上簡單洗漱，並有供應熱水。車廂也有工作人員會推車販售零食及泡麵等。火車上雖有廣播，為免下錯站，最好還是謹記自己到站時間。

越南火車時刻查詢 dsvn.vn 或 vr.com.vn。

火車時刻

往南主要城市火車時刻表

站名	距離(公里)	列車SE7	列車SE5	列車SE3	列車SE1
河內Hà Nội	0	06:10	15:30	19:20	22:10
寧平Ninh Bình	115	08:26	17:46	21:31	23:25
清化Thanh Hoá	175	09:46	19:08	22:46	00:42(第二天)
榮市Vinh	319	12:32	21:55	01:25(第二天)	03:30(第二天)
洞海Đồng Hới	522	16:59	02:27(第二天)	05:38(第二天)	07:53(第二天)
東河Đông Hà	622	19:25	04:27(第二天)	07:38(第二天)	09:53(第二天)
順化Huế	688	20:38	05:40(第二天)	08:51(第二天)	11:06(第二天)
峴港Đà Nẵng	791	23:13	08:26(第二天)	11:25(第二天)	13:41(第二天)
廣義Quảng Ngãi	928	02:01(第二天)	12:00(第二天)	14:26(第二天)	16:27(第二天)
芽莊Nha Trang	1315	09:58(第二天)	20:34(第二天)	22:00(第二天)	23:58(第二天)
西貢(胡志明市) Sài Gòn	1726	18:36(第二天)	05:40(第三天)	06:30(第三天)	08:25(第三天)

註：1. 僅列出速度較快車次。

2. 2023年10月更新資訊，詳細發車時間以官網為主。

往北主要城市火車時刻表

站名	距離(公里)	列車SE8	列車SE6	列車SE4	列車SE2
西貢(胡志明市)Sài Gòn	0	06:00	15:25	19:00	20:50
芽莊Nha Trang	411	14:05	23:49	02:34(第二天)	04:25(第二天)
廣義Quảng Ngãi	798	22:05	07:42(第二天)	10:02(第二天)	11:57(第二天)
峴港Đà Nẵng	935	00:41(第二天)	10:20(第二天)	12:38(第二天)	14:51(第二天)
順化Hu	1038	03:26(第二天)	13:42(第二天)	15:35(第二天)	17:36(第二天)
東河Đông Hà	1104	04:58(第二天)	14:57(第二天)	16:50(第二天)	18:51(第二天)
洞海Đồng Hới	1204	06:56(第二天)	16:51(第二天)	18:39(第二天)	20:41(第二天)
榮市Vinh	1407	11:48(第二天)	21:19(第二天)	23:09(第二天)	01:11(第三天)
清化Thanh Hoá	1551	15:02(第二天)	00:45(第三天)	02:09(第三天)	04:32(第三天)
寧平Ninh Bình	1611	16:26(第二天)	02:10(第三天)	03:27(第三天)	05:50(第三天)
河內Hà Nội	1726	19:12(第二天)	04:40(第三天)	05:55(第三天)	08:30(第三天)

註：1. 僅列出速度較快車次。
　　2. 2023年10月更新資訊，詳細發車時間以官網為主。

長途巴士

　　在越南搭乘巴士可抵達任何火車及飛機到不了的城市，在地的巴士比較是服務當地人為主，有時車上沒有冷氣，再加上資訊取得不易或是英文不通，不是很便利。所幸越南有專門為觀光客推出的巴士，這些巴士行駛路線固定，車上也有服務人員，若是長程路線，車上有可以完全平躺的睡鋪、空調，並提供毛毯、水還有WIFI，不過WIFI常是連不上去的狀態。行駛的地點以觀光大城為主，有些還會到旅館接乘客到巴士站集合一起上車，若將接駁的時間及車資算進去，有時會發現搭巴士比火車經濟實惠並且節省時間。長途巴士的預訂可直接跟旅行社購買或是透過下榻的旅館預訂，非常適合做為各城市長途移動時的交通方式。

省錢好夥伴：「Open Tour」

針對想要更節省費用的旅客，也有旅行社推出「Open Tour」聯票，就是先將各地的車票一次買好，若不確定會到哪些城市，也可以只購買當地的車票，不過價格會較高。要注意的是除了在起站時要確認每站的行程，於每站下車後第一件事，還要和當地的分公司再度確認行程，以確保訂位無處。越南有多間公司經營Open Tour，常見的旅行社有The Shin Tourist及FUTA Bus。以The Shin Tourist為例，從胡志明市出發，經芽莊、會安、順化再到河內的聯票，票價為776,000越盾。各段的巴士會依長短途，搭配使用座鋪或是臥鋪巴士。
The Shin Tourist ⊗ www.thesinhtourist.vn
FUTA Bus ⊗ futabus.vn

玩越南吃什麼？

和印象中的南洋料理不同，越式美味不重辣、味清淡。常見的春捲、腸粉、蓮荷飯等，和中式料理很相似。越南料理的另一項特色是大量使用蔬菜，通常是涼拌或包裹著米紙食用。同時越南人也擅於利用香草調味，著名的酸蝦湯、順化烤牛肉，可都是加了越南特有的香草呢！因著地理環境，每個地區的料理也略有不同：北越重香料選擇，以精燉高湯的河粉為最有名，而河內的鱧魚鍋也是遠近馳名；中越的料理以順化的宮廷料理為一絕，菜色較精緻，同時會有多道小菜；南越則受華僑的影響較深，口味較偏甜。

DO YOU KNOW

正港的越南口味：魚露

越南料理中大量使用魚露，從餐廳到日常生活隨處可見，不論是拿來當春捲的沾醬，還是拿來拌沙拉，這種以魚和鹽發酵而成的調味聖品，豐富了越式料理的口感。製作方法是將魚去鱗片、清除內臟、清洗乾淨後加海鹽裝進木桶放置在陽光下曝曬，因為製作難度不高，許多越南人會直接在家製作。

春捲
Nem Rán

春捲也是越南常見的食物，各地特色不同之外，像是河內以豬肉為主且體積較大，胡志明多採用海鮮為料，大小約為河內的三分之二，至於會安則多以蟹肉為內餡，形狀則為三角形。除此之外，春捲的烹調方式也有新鮮(生)、油炸和蒸煮等方式。

法國長棍三明治
Bánh Mì

法國殖民時期傳入的法棍麵包至今仍然很受歡迎。如今在越南改良成當地的口味，他們喜歡將法棍麵包塗上肉醬，夾火腿、番茄、黃瓜等配料進去，最後加上酸甜的泡菜是畫龍點睛的一步，清爽的口味和多層次的豐富口感讓人一口接著一口停不下來。

越南河粉
Phở

想到越南料理相信大家都會馬上聯想到河粉，河粉是越南人最愛的一樣小吃，南北各地口味略有不同，但可簡單區分為牛肉和雞肉兩種，一般來說，南方人喜歡牛肉河粉，北方人則偏愛較為清淡的雞肉河粉。

沙拉
Món Gỏi

沙拉在東南亞食物中扮演非常重要的角色，除了大家熟知的青木瓜沙拉外，還有以香蕉花、蓮藕莖、甚至牛肉等食材一同入菜的沙拉，醬汁大同小異，多半以魚露為底，加上糖、鹽、胡椒、檸檬汁和切碎的辣椒，至於碎花生、洋蔥、芝麻和香菜則是必備的裝飾配料，部分還會搭配蝦餅一同食用。

椰子飯
Cơm Dừa

在東南亞的飲食文化中，椰子是一樣不可或缺的食材。這種食物是以椰奶蒸煮米飯至軟爛，因為吸飽了椰奶的香氣，可以直接吃不需要配菜就很過癮了。

炒河粉
phở xào

一般的河粉都是有湯的，但是當然也有炒的河粉，而且也很常見。加上蛋、各種肉類和蔬菜一起炒，香氣十足，是便宜、簡單但不失美味的一個選擇。

海鮮

甘蔗蝦
Cháo tôm

由於擁有漫長的海岸線，再加上境內河流縱橫，使得越南不乏海鮮或河產，它們新鮮的口感，加上清爽的調味方式，使得這些食材散發濃郁的滋味。將蝦仁和地瓜搗碎後一同包裹甘蔗油炸的甘蔗蝦，加入香料和魚肉或海鮮一同煎出的魚餅或海鮮餅，以淡水小螃蟹碎肉搭配雞蛋做成的蟹肉蒸蛋，加入番茄、羅旺子、魚肉、鳳梨和香茅煮成的越式酸辣湯，甚至以魚露、辣椒、椰汁等長時間燉煮而成的陶鍋魚，都是不可多得的美味。

順化香茅烤肉捲
Nem Lụi

肉類

肉類也是越南料理中經常出現的主菜，雞、牛、豬、羊都出現於菜單之中，串燒、快炒、油炸和燉煮都是處理方式。檸檬葉烤雞肉串將去骨雞肉以魚露等調味料醃製後，包裹檸檬葉後燒烤，味道清新爽口。順化烤牛肉是將醃製後的碎牛肉以野芭蕉葉包成長條狀，直接以炭火燒烤，而香茅烤肉捲是把烤肉及蔬菜包入米紙一起品嘗，風味獨特。至於陶鍋雞，混合了雞肉塊和薑，一同放進陶鍋裡長時間燉煮，讓滋味更濃郁。

玩越南買什麼?

越南的手工藝品價美物廉,不論是混合法越特色的「印度支那」風格的木造家具、風格多樣的安南燒、繡工精美款式多樣的衣物提包、用色大膽對比強烈的漆器、利用水牛角製作而成的筷子與髮簪,在在吸引人掏腰包買下。近年來許多來自世界各地的設計師,運用越南的藝術圖案,以及手工精巧的工匠,設計出驚豔世界的作品。不論是世界級的精品,或是市場裡的平民貨,越南的雜貨及工藝品,總讓人愛不釋手!

家飾和雜貨

越南的家飾反映了一路以來的歷史,從最早的中國風,進而轉變到20世紀的法式殖民風,以及東西文化兼容並蓄後的「印度支那」風,可謂非常精采!

燈籠可説是一大特色,以多彩布料為燈罩的越南燈,散發出濃濃的獨特風味。充滿溫潤色調的木頭仿古家具,連法國人都迷戀不已。更不要説以手工縫製的繡花抱枕、椅墊、桌巾、鳥籠等雜貨,如何為你的家增添有點東方、卻又帶點異國風情的浪漫情調。

手袋

越南人精細的手工技巧,再加上一些創意,一個個提袋或包包,就宛如新生般美麗動人。不管是街上的精品店或是市場內的小攤子,都是挖寶的好地方,竹編的提藍再搭配繡花、典雅的刺繡錢包、鑲上亮片的創意提袋及以少數民族織布為底的包包等,讓人不心動也難,恨不得全都帶回去。

Fixed Price

衣服和鞋子

越南可説是一個訂製天堂!服飾專賣店裡各色布料、多變款式一字排開,無論是傳統或改良款式一應俱全,如果你想要新潮現代的設計,只需出示圖片一樣能為你「量身打造」。除了河內或胡志明市外,前往會安的人一定更能感受訂製的魅力,當地商家最常掛在口中的一句話:「你要什麼,我做給你!」除了衣服之外,訂製鞋店更是鱗次櫛比。如果沒有時間訂製衣鞋也沒關係,許多現成的衣物同樣令人愛不釋手,特別是許多歐洲和日本設計師進駐後,讓這些衣服充滿了更獨特的設計風格。

漆器

越南在12世紀起便開始種植漆樹，由於漆能保護器物免於損壞，因此廣泛使用於家具、樂器、武器和食器等物品上，也因而發展出當地的漆器工藝藝術，甚至創造出越南特色的磨漆畫。

漆器的製作過程非常繁瑣，每上一層漆不但要等上好幾天風乾，而且也不能有任何損壞或刮痕，更別說上方如果要雕飾圖案又得費上另一番工夫，也因此更顯矜貴，上越多層漆價值自然也更高。而今，多了外國人的混和設計後，越南漆品的顏色大膽、造型也多變，讓這項漆器藝術更為發揚光大！

陶瓷器

越南製作陶瓷的歷史至少有800年，期間因為經常和中國與日本間有著貿易往來，因此在陶瓷的設計上也有一些淵源。

傳統的越南瓷器花紋以菊紅色、綠色或黃色的「紅安南燒」最為普遍，其花紋多為蜻蜓、菊蔓藤花、梅花、螃蟹及鳳凰等，這在全越南大大小小的工藝品店都可以看到。另外還有純藍色花紋的「安南藍紋」瓷器，花樣也是以蜻蜓、螃蟹、漢字為最多見。而青綠色的青瓷、黑色的黑瓷多受外國設計師的青睞，市場上也出現了日式禪風的設計。

絲綢

越南的紡織業有著上千年的悠久歷史，山色的紡織技術流傳至今，通風、透氣是一大特色。此外各式各樣的花紋十分討人喜歡，有簡單有趣的圖案，也有繁複、製作耗時的圖案，每個城市的中央市場都有很多商家販售，記得貨比三家才能挑到喜歡又划算的絲綢。

骨物

水牛骨或水牛角製品也是一項越南傳統的工藝技術，或許是以米立國之故，水牛成為越南不可缺少的動物，而越南人聰明地運用來設計出筷子、湯匙、飾品等一些生活用品，簡直是將水牛利用到最高點。

越南咖啡正流行
Coffee in Vietnam

越南自19世紀法國殖民時代開始生產咖啡,到如今已經成為僅次於巴西的咖啡生產大國。越南人也非常喜愛喝咖啡,從一早就可看到人們在路邊咖啡館喝起咖啡,而且喝的數量驚人,有人一天會喝到5杯,所幸當地咖啡價格實惠而且隨手可得。在越南,每個城市都可以找得到咖啡館,無論高檔或平價連鎖咖啡,現在當地也興起了不少走文青路線的風格咖啡館,而手沖咖啡也逐漸在新咖啡館中展露頭角,成為年輕人的新寵兒。

哪裡喝咖啡

連鎖咖啡館

　　越南最常見的咖啡品牌分別是高原咖啡(Highlands Coffee)、中原咖啡(Trung Nguyen)、以及走懷舊路線的越共咖啡(Cong Caphe),在觀光客聚集的大城市都能找到這三間咖啡館。

除了坐進店內享用一杯咖啡,也可購買咖啡相關商品當伴手禮。這三款咖啡豆在超市都買得到,不過大都是已經研磨過的咖啡粉,店內的咖啡粉相對比超市銷售的更新鮮,並有較完整的系列商品,此外,也有三合一即溶咖啡的擇選,也能找到附了沖煮器具的紀念款組合。

Trung Nguyên Legend

🏠219 Lý Tự Trọng, Phường Bến Thành, Quận 1, Thành phố Hồ Chí Minh ⏰6:30~21:00 💲Sáng Tạo 1(熱)46,000越盾／杯、Sáng Tạo 8(熱)90,000越盾／杯 🌐trungnguyenlegend.com

　　中原咖啡在全越南的連鎖店相當多,光是胡志明市背包客聚集的碧文步行街附近就有3間風格大小不同的分店。中原咖啡的招牌款又分為創造1號(Sáng Tạo 1)到8號,價格也隨數字愈多愈貴。不同編號使用的豆子成分也不一樣,中原咖啡運用羅布斯塔與阿拉比卡豆來為不同編號做調配,最經濟的創造1號咖啡是使用羅布斯塔豆烘焙而成,風味最為強烈。此外店裡也供應義式咖啡、美式咖啡、卡布奇諾及拿鐵等。

風格咖啡館

在河內、胡志明市、峴港和會安這些城市，講究裝潢的咖啡館俯拾皆是，為了吸引年輕世代，現在裝潢漂亮已經不再是重點，必須要有自己的風格，拍出來的照片才吸引人，工業風、簡約、街頭元素、懷舊等這些才是年輕人所在意的。除了裝潢外，咖啡豆還得是自家烘焙或是使用公平貿易咖啡，讓人們拍得開心也喝得放心，而咖啡沖煮方式也不限於越式咖啡，越來越多時尚咖啡館走向手沖路線，並提供多樣化的甜點和早午餐。這類咖啡館品質好、氣氛佳，但通常價格也較高。

The Workshop Coffee
📍77 Ngô Đức Kế, Bến Nghé
☎ (28)3824-6801 ◗
8:00~21:00 💲咖啡
70,000~85,000越盾

The Workshop位於胡志明市一棟法國殖民時期建築的二樓，室內空間挑高敞亮，中央吧台為視覺焦點，時髦工業風設計受到年輕人歡迎。打破越南人喝咖啡的習慣，不賣加了煉乳的越式咖啡，主打以越南及其他國家咖啡豆手沖的精品咖啡，希望人們品嚐咖啡豆的原始風味。為了控制品質，堅持用自家烘焙的越南咖啡豆，並固定一至兩週更換咖啡豆，確保新鮮度，此外，每一位員工皆受過3至4個月專業咖啡沖泡的訓練，從食材、沖煮、品飲到空間，全方位創造高質感的體驗。

Hanoi House
🚩對於大教堂對面 📍2F, 47A Lý Quốc Sư, Ha Noi
☎086-555-1847 ◗9:00~01:00

Hanoi House 是一間位於2樓的咖啡館，就在大教堂對面一棟民宅裡，你必須從一旁的巷子裡進入，透過後方的樓梯往上爬，才能抵達這處溫馨的小地方。挑高的室內空間分為上下兩層，書架區隔出小小的空間，木頭桌椅搭配刺繡抱枕，空間雖小卻異常溫馨，而它最受歡迎的座位，就屬位於陽台上那一小排甚至無法錯身而過的座位。入夜後也是一間雞尾酒吧，許多小情侶在此談心，可謂河內的約會勝地之一。

街邊咖啡館

　　即使再小的城市都可以找到咖啡館，當地除了高檔的風格、連鎖咖啡館，也有將座椅放到路邊，很像路邊攤的咖啡攤販，一杯咖啡常常比可樂、汽水還便宜，大約10,000~15,000越盾，不妨學越南人坐在路邊，感受庶民的日常悠閒。只是路邊咖啡小攤的氣氛固然道地，但越南食品安檢處也發現，不少流動攤販為了節省成本，使用假咖啡或參雜化學合成粉末的劣質咖啡，所以為了健康與安心，體驗一下就好，喝咖啡還是建議找有信譽的連鎖咖啡館。

DO YOU KNOW

越南咖啡特別在哪裡？

　　法國人在殖民年代初期即把咖啡豆帶到越南，但一直到二十世紀末，咖啡產業才開始蓬勃，除了與合宜的氣候與土壤條件之外，政府政策也大力配合，正巧世界咖啡價格高漲，吸引更多咖啡農擴張種植範圍。

越南咖啡產量最大宗為羅布斯塔咖啡豆，相較於一般的西式咖啡多採用阿拉比卡咖啡豆，羅布斯塔的特色在於其咖啡因是前者的兩倍，也因此帶有更濃厚的苦澀味道。另一個特色是越南咖啡習慣加入煉乳飲用，過去是因為鮮奶難以取得與保存，以方便的煉乳取而代之，反而巧妙地融合甜膩與澀酸味，形成獨特的風味。

咖啡器具選購

　　越南咖啡沖煮器具與手沖咖啡及義式咖啡機相較，可說非常平實經濟，只要購買越式咖啡專用的滴濾式咖啡壺，下面使用家裡的玻璃杯承接咖啡即可。滴濾式咖啡壺的材質常見為鋁製及不鏽鋼製，當地人多用鋁製，據說保溫與沖泡效果比不鏽鋼要好，但缺點就是容易變形。滴濾壺在越南隨處都買得到，可以到專營咖啡豆及沖煮用具的店家購買，超市和一般紀念品店也有販售咖啡粉加上滴濾壺的組合。滴濾壺又分大小，小壺為一人分量，價格大約3萬越盾左右，大壺價格更高些。

咖啡豆選購

咖啡熟豆可在超市、紀念品店、咖啡豆專賣店，或是自家烘焙的咖啡館購買，追求便利性，也可以選擇三合一包裝的咖啡。在河內的咖啡豆專賣店如CaféHu ，還提供試飲服務，店內擺滿琳瑯滿目用透明罐裝的咖啡豆，店內賣最好的就是麝香貓咖啡，咖啡豆每100克售價約在100,000~200,000越盾。此外，購買咖啡豆再加買濾杯可獲折扣優惠。在一般紀念用品專賣店，也常有濾杯及咖啡豆的禮盒組合推出。芹苴有些咖啡豆專賣店，會販售摻有玉米一起烘焙的咖啡豆，據說當地人喜歡這種滋味，混入玉米的咖啡豆價格也較便宜。

Café Hue
⊙26 P. Hàng Giấy, Hàng Bu m, Hoàn Kiếm, Hà Nội
☎0912 151-552 ⊙8:00～22:00

越南咖啡沖煮方式

沖煮越南咖啡時，熱水與咖啡粉的比率可請購買的店家建議，或依個人喜好加入。一般來說，越南咖啡非常濃郁，有的店家是20克粉，注入65C.C.的水，之後再加入冰塊及煉乳稀釋，就成為一杯道地的越式咖啡。

Step 1
在底部玻璃杯倒入煉乳。

Step 2
在濾杯中放入適量咖啡粉。

Step 3
將蓋子放入壓住咖啡粉後開始注入熱水，可分兩次注水。第一注水約為20C.C.，並等待30秒後，再次注水45C.C.。

Step 4
待咖啡滴濾完畢，再與底部的煉乳攪拌均勻，即可飲用。

Step5
欲喝冰牛奶咖啡，可準備一杯裝滿冰塊的杯子，將熱咖啡倒入就可以了。

航向河內
的偉大航道

如何前往

飛機

中華、長榮、星宇、越南、越捷、越竹等航空公司都有台北直飛河內的航班，航程約3小時。國內航線每日有十多班飛機從胡志明飛往河內，需時2小時，其他城市如峴港、大勒、芽莊、順化、洞海及芹苴等，也都有航班飛往河內。河內的機場稱為內排國際機場(Sân Bay Quốc Tế NộiBài／Noi Bai International Airport)，位於市區北部45公里處，規模僅次於胡志明市的新山一國際機場，為越南第二大國際機場。新蓋好的二航廈在2014年啟用，設施新穎，一航廈供國內航班使用。

火車

河內火車站(Ga Hà Nội)位於還劍湖以西約2公里處，這裡是火車的起點站，每天都有往來於胡志明市、海防以及中越邊境老街等城市之間的班車。從火車站搭乘計程車前往市區約5~10分鐘車程。

巴士

河內共有三座巴士站，分別連接越南境內的各大城小鎮。

想前往下龍灣和海防的人，必須在Bến Xe Gia Lâm巴士總站搭車，這裡的車子主要開往北部和東部，該巴士站距離還劍湖約30分鐘車程。

往老街、沙壩等北方或西北城鎮的巴士，停靠於河內以西、車程約30分鐘的Bến Xe Mỹ Đình巴士總站，此外，這裏也有開往下龍灣的巴士。

至於前往順化、胡志明市等中南部城鎮的巴士，以位於河內南側、距還劍湖車程約25分鐘的Bến Xe Giáp Bát巴士總站為停靠站，不過巴士車票最好事先預定。

若沒有足夠時間前往距市區較遠的巴士站，河內旅行社有推出前往各地的長途巴士，甚至也可前往中國、寮國。長程距離使用有上、下鋪臥的巴士，車上有廁所，中途還會到休息站暫停後再出發，非常便捷。

◎巴士站

Bến Xe Gia L.m 巴士總站：(24)3827-1569

Bến Xe Mỹ Đ.nh 巴士總站：(24)3768-5549

Bến Xe Giáp Bát 巴士總站：(24)3864-1467

機場至市區交通

計程車

搭乘計程車往來於機場和市區之間，是最方便的交通方式，車程約在40~60分鐘左右，視交通情況而異，車資約在20~25美金左右。在機場入境大廳的遊客中心有專門服務人員，可協助預訂，或是請旅館安排接機，也可於手機中下載叫車APP「Grab」，前往舊城區約30萬越盾，這些都會比搭乘當地拉客的計程車司機安全，因為常會有亂加價的情況，有時會告知無法跳表或繞路。

巴士

第一航廈的入境大廳外可搭乘航空公司的接駁巴士，越南航空的巴士終點為Quang Trung街上的越南航空辦事處，越捷航空的終點為Tran Nhan Tong街，捷星航空也是抵達Quang Trung街。航空公司接駁巴士為45人坐大巴士，人滿才發出，平均約30~45分鐘一班次，每人車資40,000越盾。

86號巴士(Bus Express 86)是觀光目的的市區接駁巴士，服務人員不但會講英文，而且到站時還會提醒旅客下車，路線是從內排機場第一航廈發車，經第二航廈、環劍湖再到河內火車站，全程約45分鐘至1小時。每25至30分鐘一班，班次固定。每人車資45,000越盾，上車跟站務人員購票，僅接受現金，車上可找零。內排機場的巴士發車時間從6點18分到22點58分；河內火車站服務時間為5點5分至21點40分。

另有民營的15人座迷你巴士，第一和第二航廈外的車道接駁至市中心，費用需事先講價，車資沒有公定價格，並且要人滿了車子才會開走，有時可能會等很久。

◎**Bus Express 86**

(24)3976-1996 🌐transerco.com.vn

市區交通

計程車

在河內搭計程車很方便，跳表收費，計程車的

起跳價為10,000~15,000越盾，之後每公里再加一千多越盾。只不過計程車時常亂開價，甚至跳表也不保險，因為許多計程碼表都被動過手腳，在越南旅遊計程車最好選擇白底綠字的Mai Linh計程車，這家公司在越南全國都有營運，相對有保障，也可使用Grab或是請旅館叫車，也是比較保險的方式。另外還有一些較少發生爭議的計程車公司如Hanoi Taxi、Van Xuan等，也可參考。

◎計程車公司

Mai Linh：(24)3833-3333

Hanoi Taxi：(24)3853-5353

Van Xuan：(24)3822-2888

租摩托車

在河內租機車價格一天約150,000~250,000越盾，油資另計，摩托車又分自動及打檔兩種，價格依車型而定，通常打檔的價格較便宜，舊城區的Gust House常有提供租借服務。租賃摩托車可以省掉不少跟計程車或人力車議價的時間，不過越南的交通比較亂，尤其是大都市，車流量大且不遵守秩序，連行人在河內舊城區過馬路都常是個挑戰，因此若一定要租摩托車的話，騎車時請務必小心。在一些觀光景點會有設摩托車停車場，停車時收費員會給你一張小單子或是夾在車上，離場時繳回單子並付費，由於停車費的資訊不透明，價格常常是收費員說了算，不過停車費用通常不會太貴，在文廟、胡志明博物館這些地方停車，費用約為5,000越盾。

摩托計程車

由摩托車司機搭載1位乘客，但需要議價，一般的行情是1公里(少於或等於)最少15,000~20,000越盾，超過一公里則每公里7,000越盾。

人力車

這種交通方式很有復古風情，常在36條古街區可見到外國人悠閒地坐著人力車遊覽，需特別注意的是搭乘人力車常有糾紛發生，務必在出發前議好價，若是兩人一同搭乘，也要跟司機確認講定的價格是兩個人一起算的。人力車的費用每小時或是單程搭到較遠的景點，每人每小時約150,000~200,000越盾左右，短程的話價格會再低一些。

河內行前教育懶人包

INFO
基本資訊

人口：843萬人　**面積**：3,359.8平方公里　**區碼**：24

城市概略

河內位於越南北部紅河三角洲，地勢低窪，市區內共有大大小小72個湖。在中國統治時期，河內稱為大螺(Đại La)或螺城，西元101年李公蘊推翻中國統治，建立李朝，人稱李太祖(Lý ổ)；傳說他在紅河看見一隻龍自騰躍，因而將這裡改名為昇龍(Thăng Long)，並遷都至此。

昇龍自李朝之後，成為多個皇朝首都，直到阮朝才遷都順化。阮朝明命皇帝於1831年，根據這城市被紅河所圍繞的地理特色，將昇龍改名為河內。1873年法軍占領河內，並以河內為法屬印度支那總督府的所在地。1945年二次大戰結束，越共成立越南民主共和國，以河內為首府，與南越分庭抗禮。1975年越戰結束，沿續以河內為首都。因為一直受越共所控制，河內受西方資本主義的影響並不深，展現了和南越大城胡志明市迥異的風貌。

河內旅行社攻略

河內的旅行社眾多，大部分觀光客想前往寧平或是下龍灣等熱門景點都會參考當地旅行社提供的行程，許多飯店和青年旅社也都有合作的旅行社，可以直接向他們詢問。因為業者多、競爭激烈，多比價可以找到許多優惠方案，或是向業者爭取附加的服務。參考下面整理出來的內容，找到最適合自己的行程！

水上活動費用

不管是寧平還是下龍灣都會有划獨木舟這類的水上活動，有的行程不會包含租用獨木舟的費用，到現場才會發現還要多付一筆錢，所以預定時要再三確認。

機場接送服務

有的旅行社費用較高的行程或是過夜的行程會附加機場接送服務來吸引人，但這項服務其實可以主動和旅行社或飯店要求，因為他們每天都有大量的接駁車往來市區與機場之間，即使沒有免費附送，也可能爭取到優惠的接送價格。

其他優惠

此外有的業者會附送按摩或是河內當地導覽行程，可以依照個人喜好選擇附送的行程。

線上預約

許多觀光客抵達河內後再去旅行社詢價，因為可選擇的出發時間有限，比較難殺價或是爭取優惠行程，因此建議提前聯絡飯店、旅館或旅行社，選擇較多也可能會得到更優惠的價格。

行程建議

河內的精華景點，主要集中在還劍湖四周和西湖以南，其中又以還劍湖一帶為中心，附近無論是景點、購物、餐廳……等相關旅遊元素齊備，購買旅遊行程、兌換越幣等都可以在這裡完成，古往今來的歷史與人文全都濃縮於此，值得花時間慢步去訪還劍湖所在的舊城區。

胡志明博物館、胡志明陵寢、文廟及昇龍皇城等景點，距環劍湖較遠，需搭車前往，由於這些景點占地廣大，入口處常只有一個，最好詢問入口處所在位置，以免繞一大圈。西湖所在位置在胡志明博物館及陵寢更北的地方，湖上有馳名的古老廟宇，也可以加入一起遊覽。

旅行社

在河內舊城區走幾步路就可以遇到旅行社，提供各種旅遊行程、巴士車票的銷售，前往寧平、下龍灣等交通不便的熱門景點，參加旅行社行程輕鬆的多。購買行程建議多比較，並找較多人推薦的旅行社，品質比較有保障，也可直接向住宿旅館或青年旅社詢問，找到合適行程。在越南全國都有駐點的The Sinh Tourist是價格實惠的旅行社，也因此常常可看到名字相仿的旅行社，可能差一個字或是取為Shin Café等，Shin Café是The SinhTourist以前的名稱。

The Sinh Tourist HaNoi

🕐 **52 Luong Ngoc Quyen St.**

☎ **(24)3926-1568**

🕗 **8:00~22:00**

🌐 **www.thesinhtourist.vn**

中西融合的優雅古都

河內
Hanoi

河內索引圖

河內市區以還劍湖為中心,這裡是景點聚集之處,咖啡廳和高級購物商店林立;湖的北岸則是充滿懷舊氣息的36條古街區,值得在清晨或午後,慢慢閒逛,體會古城的風味。舊城區西邊的要塞區是11世紀李朝皇宮的所在地,可惜的是李王朝皇宮早在19世紀末時被毀壞,現今這個區域最令人印象深刻的建築是主席府,還有周遭的胡志明靈寢和博物館;另外還有興建於李朝時期的文廟和一柱廟。法國區裡仍保有很多法式宅邸,大部分改建為博物館、餐廳或商店,多少讓旅人感染了法式殖民時期的氣息!

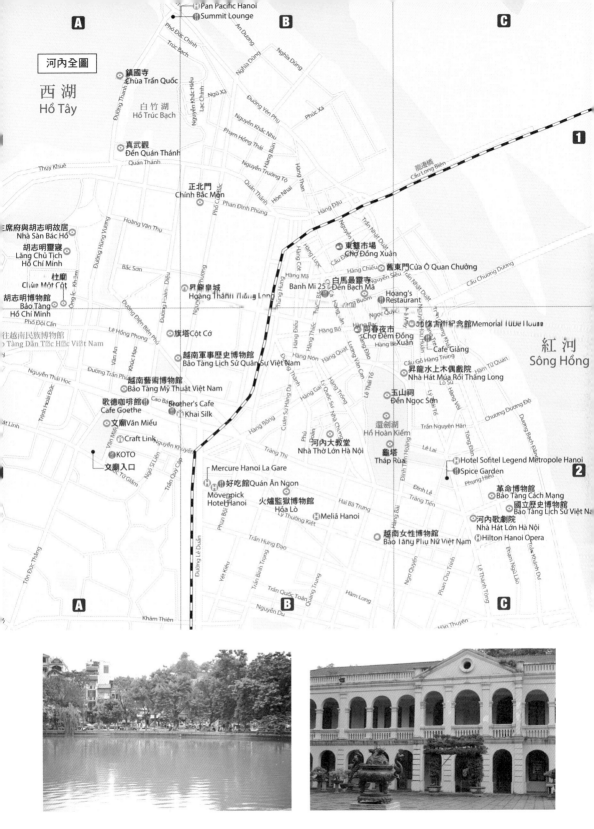

河內最熱鬧的觀光區，人潮之中的世外桃源。

王牌景點 ❶

還劍湖

MAP
P.29
B2

Hồ Hoàn Kiếm

還劍湖是河內市中心的重要地標，整個舊城區以此為中心向外延伸，許多景點都散布在還劍湖不遠處。因此四周也成為背包客和旅行社聚集的地區，初來乍到的觀光客，一定得到這裡收集旅遊資訊。然而還劍湖也是河內市民重要的休閒場所，不論白天或晚上，總聚集了許多來此納涼或散步的民眾、談情說愛的情侶和絡繹不絕的觀光客，形成河內市區內最經典的畫面。

此外一定不能錯過湖中央的玉山祠和湖北邊的Hàng Đào街，玉山祠是歷史悠久的古蹟，Hàng Đào街則是不論平日假日都很熱鬧！

從大教堂步行前往約
5分鐘

至少預留時間
欣賞湖景：半小時
參觀玉山祠：1小時

造訪還劍湖理由

1 大城市中的美麗自然景觀

2 歷史悠久的玉山祠

3 河內景點最集中的區域

湖中有一座龜塔，是紀念神龜的傳說，就算遊客無法登島參觀，但是入夜後會打上燈光，讓龜塔湖景更加美麗。

步行街

還劍湖北邊的 **Hàng Đào** 街周末會有夜市，但是其實平日這裡也很熱鬧，有許多餐廳、咖啡廳和酒吧，欣賞完湖景很適合來這裡逛逛。

欣賞殖民時期建築

法國殖民政府在還劍湖南邊的 **李常杰路(Lý Thường Kiệt)** 留下了大量的殖民地風格建築，許多保存至今，形成獨特的街景。

👆 有此一說～

天降神龜取劍，有借有還，再借不難！

還劍湖原名綠水湖，「還劍」的典故與後黎朝的黎利(Lê Lợi)有關，15世紀初中國的明朝趁越南內亂時，出兵占領越南。黎利對明朝的統治十分不滿，便於家鄉藍山鄉起義，經過10年的抗爭，終於打敗明軍建立後黎朝(1428~1789年)，後人尊之為黎太祖(Lê Thái Tổ)。據說黎利在藍山起義成功之前，曾在此湖中撈得一把寶劍，劍上刻有「順天」兩字，具強大力量，黎利才得以擊敗明朝大軍。在黎利成功建立後黎朝後，有天在湖上遊憩，忽然出現一巨龜取走寶劍，當地人民認為，神龜將寶劍藏於湖底，以備日後越南有難時之需，這個湖也因此被命名為還劍湖。

棲旭橋是通往玉山祠的木拱橋，鮮紅色的橋身搭配湖景十分亮眼，甚至吸引許多當地人來這裡拍婚紗。

進入玉山祠前有座筆塔，高5層。硯台則建在筆塔下通往玉山祠的入口處，是一塊墨硯形的大石塊。

繞湖一圈，認識還劍湖有趣的傳說。

玲瓏的樓亭，與棲旭橋相通。玉山祠的門上是一個小巧與棲旭橋相通。祠門

真正的神龜：世界最大的還劍鱉

主祠的左側小廳裡展示了一個巨龜標本，這隻巨龜長2.1公尺、重250公斤。1999年、2000年和2005年間，民眾曾多次在還劍湖目擊一隻巨大的烏龜，這樣的巨龜出現在還劍湖，讓當地人對於還劍湖的傳說更為深信不疑，也有人認為這隻巨龜就是故事中的神龜在還劍湖留下的後代，2016年巨龜過世後才製成標本。拋開傳說的部分，這種巨型烏龜的學名是班鱉，甚至有人稱之為還劍鱉，是世界上體型最大的龜類之一，物種存在已經超過2億年，如今瀕臨絕種，世界上已知的存活個體剩下3隻，而自1998年後就幾乎再也沒有發現野生存活個體了。

玉山祠
Đền Ngọc Sơn

還劍湖的北邊有座圓形的小島，因為長得像玉石而得名玉山島，島上建有玉山祠。穿過造型優美的棲旭橋，來到得月樓，樓前有座狀似毛筆的毛筆塔，樓後便是玉山祠主殿，殿內供奉關聖帝君、文昌帝君以及和興道王：前二者是受中國影響的儒、道教神祇，而陳興道則是力抗蒙古大軍的民族英雄。

玉山祠的歷史已不可追憶，大約建於18世紀黎朝末年，在1865年時由阮朝的文學家阮文超主持擴建，棲旭橋、筆塔和硯台都是當時所建，每棟建築各有含意，成今日的面貌。

▶P.33B2 ◎從大教堂步行前往約15分鐘
◐8:00~18:00 ⑤30,000越盾

同春夜市
Chợ Đêm Đồng Xuân

週末夜晚來到環劍湖，除了欣賞夜景外，在Hàng Đào這條街上，會擺起長長一條看不到盡頭的攤位，成為一條行人徒步區，熱鬧的河內夜晚也就此展開。

在同春夜市所有越南代表的紀念品以及生活用品，在這裡都找得到，舉凡衣服、皮帶、包包、眼鏡、飾品及電子用品，甚至還有行李箱鎖等，不只受觀光客歡迎，當地人也會來這裡採買所需，而且不少商家價格直接就寫在攤位上，省去了殺價的麻煩。喜歡血拼的人，不妨可以來這裡

挖寶，一張立體剪紙卡片只要2~4萬越盾，所有眼鏡均一價5萬元。

▶P.29B2 ◎位在大教堂步行5~10分鐘 ⋔
Hàng Đào、Hàng Giấy ◐週五至週日
19:30~24:00

這裡除了琳瑯滿目的商品也有小吃攤進駐，同春夜市一直到半夜才會結束。

河內：還劍湖

河內舊城區圖

A
B
C

1

2

3

Hàng Lược
Hàng Chai
Cầu Đông
Hàng Mã
Hàng Chiếu
The Sinh Tourist
Trần Nhật Duật
Lò Rèn
Hàng Cá
Nguyễn Siêu
Hàng Gà
Thuốc Bắc
Chả Cá
Đào Duy Từ
鱧魚鍋
Chả Cá Lã Vọng
Hàng Buồm
Bát Sứ
Cửa Đông
Hàng Cân
Café Hue
The Sinh Tourist
Lương Ngọc Quyền
Golden Spring Hotel
Hàng Phèn
Hàng Bồ
Hàng Bạc
Bát Đàn

Nguyễn Hữu Huân
Hàng Tre
Hàng Bè
Hàng Thiếc
Gia Ngư
Hàng Nón
Hàng Quat
Hàng Đào
Văn Tố
Đắc Kim
H. Hòm
Cầu Gỗ Hàng Trung
Hàm Tử Quan
Little Hanoi
藍 Indigo Store
昇龍水上木偶戲院
Nhà Hát Múa Rối Thăng Long
Lò Sũ
Hàng Mành
Thanh
玉山祠
Đền Ngọc Sơn
Gia Bao Grand Hotel
Hàng Vôi
Trần Quang Khải
Nagu
Bồng
Quán Sứ Hàng Da
Mosaïque Boutique
Lee & Tee
Ajisai
Hanoi House
Moca Café
Tina Sparkle
還劍湖
Hồ Hoàn Kiếm
河內大教堂
Nhà Thờ Lớn Hà Nội
Trần Nguyên Hãn
Đinh Tiên Hoàng
Lê Lai
Phủ Doãn
Lý Thái Tổ
Tràng Thi
Phủ Ngũ
Hàng Khay
河內索菲特傳奇大都會酒店
Hotel Sofitel Legend Metropole Hanoi
火爐監獄博物館
Hỏa Lò
Quang Trung
Tràng Tiền
Lý Thường Kiệt
Hai Bà Trưng
Hotel de l'Opera Hanoi

豐富的博物館資源，可以從早逛到晚！

內部的彩繪玻璃是在法國完成再運來越南的，如今保存狀態十分良好。

MAP P.29 B2 河內大教堂
Nhà Thờ Lớn Hà Nội

info

📍40 Nhà Chung

🕐5:00~11:30、14:00~19:00 💲免費

河內大教堂又名聖喬瑟夫天主堂 (Saint Joseph Cathedral)，是河內最古老的教堂，也是羅馬天主教河內教區的主教座堂。據說是仿造巴黎聖母院興建而成，極具中世紀風格，也是河內著名的法式建築代表。

文青和網美必訪的咖啡街

越南人熱愛喝咖啡，在咖啡館舒服地打發時間很適合他們的生活步調，因此咖啡館在越南的密集程度就像台灣的手搖飲料店。來到大教堂一定不能錯過對面的Nhà Thờ街，這裡是河內新興的精品商店和咖啡館的聚集區，越共咖啡(Cộng Cafe)和Moca Café都是很受歡迎的店家，慵懶輕鬆的氣氛再加上外頭傳統的法式建築與大樹，整條街洋溢著悠閒與浪漫。

興建於1886年，屬於新哥德風格，由兩位彩券商所出資贊助。雖然外表看來有點斑駁，但教堂內部裝飾繁複的主壇、彩繪玻璃窗以及方形的塔樓，都很有看頭。教堂的大門只有在舉辦彌撒時才會打開，其餘的時間，遊客需自側面進入，側門位在面對教堂左側的小巷內。

教堂外牆的建材主要是淺灰色的花崗岩，經過多年的風吹雨打，呈現出有時代感的斑駁感。

河內：還劍湖

火爐監獄博物館
Hỏa Lò

如何前往

從大教堂步行前往約12分鐘

info

⊕1 Hỏa Lò ⊙8:00~17:00

⑤全票30,000越盾 ⑩hoalo.vn

　這是法國人於1896年所建的「中央監獄」(Maison Centrale)，也是北越最大的監獄，當時反法殖民的重大政治犯，全被關在這裡，遭受凌虐、拷問等恐怖待遇。

　1954年北越建國後，中央監獄成為國家監獄，收容重大罪犯。1973年越戰爆發，當時美國空軍全力轟炸北越，部分轟炸機被擊落，空軍駕駛就被監禁於此，其中最知名的包括美國首任駐越南代表Douglas Peterson，以及2008年共和黨總統候選人麥坎(John McCain)。現在博物館裡製作了許多模型和圖片，主要用以展示模擬法國占領時政治犯所遭受的殘忍待遇。

DO YOU KNOW

監獄關不住爭取自由的決心

被關在這裡的異議分子，雖然遭受到不人道的對待，卻也得以和一幫志同道合的同志相識，更加堅定民族自決的信仰，並有了堅持下去的力量。其中有些人鍥而不捨地挖通地道逃出監獄，再度加入反法陣營，有的人透過窗戶和監獄外的小販收發訊息，保持監獄內外資訊的流通，即使人在監獄依然能繼續進行反法工作，這些人大部分都成為日後越南獨立建國的重要人物。

別被展出內容給騙了！
館內展出許多美軍戰犯被關押時留下的文物和照片，可以看到美軍在監獄裡可以打牌還有菸抽，感覺受到不錯的待遇，這是因為越南共產黨至今依舊獨攬大權，希望透過展出內容美化這段歷史。其實越共同樣以多種非人道方法對付戰犯，恐怖的名聲令美軍取了個「河內希爾頓」的名號做為反諷，也因此「河內希爾頓」幾乎成了這座監獄的代名詞。

河內：還劍湖

1993年火爐監獄被改建成辦公大樓，只留下東南角約原址1/3大小的地方，保留為監獄博物館。

法國殖民時期這裡會用斷頭台來執行死刑。

當地人都稱之為「火爐」(Hỏa Lò)，此名稱來自於監獄所在的地區：一處原是製作陶瓷窯爐的村落，越文名稱即為「火爐」。

革命博物館
Bảo Tàng Cách Mạng

MAP
P.29
C2

如何前往

從大教堂步行前往約19分鐘

info

🏠 216 Đ. Trần Quang Khải ☎ (24)3825-2853

🕐 8:00～12:00、13:30～17:00

💲 全票40,000越盾，門票包含歷史博物館

🌐 baotanglichsu.vn

越南的歷史以法國殖民前後為一大分界線，殖民前的歷史是越南國立博物館中的展覽主題，至於19世紀末至現代的革命歷史，則收藏於越南國立博物館對面的革命博物館中。

乍看革命博物館美麗的外觀，令人難以聯想到裡頭展出的是越南備嘗艱辛的獨

1930～1975年間在越南共產黨的帶領下如何為求獨立而奮鬥掙扎。

參觀兩間博物館只需要一張票！
越南國立歷史博物館和革命博物館在2011年時合併到同一個單位下，這對於遊客來說是一大福音，因為以前參觀兩間博物館需要買兩張票，現在只要買一張票就可以了！而且展出內容不打折扣喔！

立歷程，優雅的雙層艷黃色法式建築，前身為越南稅務署(Trade Department of Vietnam)，建於1917年。1959年時改建為擁有30座展覽廳的博物館。整段可歌可泣的越南近代史，藉由每段時期的英雄人物介紹、武器、勳章、文物等紀念物，娓娓道來時代的悲歌。特別是收藏其中的斷頭台，更令人感到怵目驚心！

越南共產黨成立以前對抗法國軍隊的國家解放運動(1858-1930年)。

1976～1994年間越南民主共和國從戰爭結束開始邁向光明的未來。

近代史的偉大人物。

胡志明是幾乎貫穿整段越南

2008年時博物館展品擴增為4萬多件，包括了許多珍貴的照片。

在「家庭中的女性」展覽中，可以看到女性從出生到結婚，甚至成為母親一路以來的歷程，其中特別是各民族對於結婚禮俗的介紹非常詳細。

進入博物館一樓，首先映入眼簾的是一尊金色的《越南母親》(Vietnamese Mother)雕像。

「歷史中的女性」以法國殖民和越戰時期參與反殖民和抗戰活動的女中豪傑為主軸，透過文物和影像呈現出這些女性為越南奮鬥的歷史。

「女性時尚」則猶如欣賞一場時尚秀，各式各樣的彩襖和少數民族的傳統服飾一字排開，令人眼花撩亂。

不要錯過精彩的特展！
除了主要展覽外，博物館中的附屬展覽室中，也會不定期舉辦大大小小的特展，主題通常在反映當代社會的發展和變遷，像是「街頭小販」(Street Vendors)訪問了多位真正在河內街頭討生活的婦人，以影片和照片呈現她們的實況，令人為她們的故事動容，看完也會讓你對街頭小販有了不一樣的看法。

越南女性博物館
Bảo Tàng Phụ Nữ Việt Nam

MAP P.29 B2

如何前往
從大教堂步行前往約11分鐘
info
⌂ 36 Lý Thường Kiệt ☎ (24)3936-5973
🕐 8:00~17:00 💲 全票40,000越盾
🌐 baotangphunu.org.vn

越南女人總給人一種溫婉的形象，事實上她們同時也是堅毅的象徵，不但撐起一家的生活，甚至是一個國家的背後力量，走一趟越南女性博物館，不但讓人對越南女人有更進一步的了解，也會對她們溫柔的力量，留下深刻的印象。

越南女性博物館創立於1987年，坐落於一棟漂亮的白色建築中，在它廣達2,000平方公尺的展間中，收藏了超過25,000件的物品，裡頭包括首飾、織品、器物與文獻等等。

展場從二樓開始，主要分為三層，分別是「家庭中的女性」(Women in Family)、「歷史中的女性」(Women in History)以及「女性時尚」(Women's Fashion)三大主題。

越南國立歷史博物館
Bảo Tàng Lịch Sử Việt Nam

如何前往

從大教堂步行前往約20分鐘

info

⊙216 Đ. Trần Quang Khải ☎(24)3825-2853 ⊙8:00~12:00、13:30~17:00 ⊗每月第一個星期一 ⊙全票40,000越盾，門票包含革命博物館 ⊕baotanglichsu.vn

　歷史博物館位在一棟美麗的法式建築裡，這裡原是殖民時期的法國領事館和總督官邸；1932年起，成為法國遠東學院（École Française d'Extrême-Orient，簡稱EFEO）的研究及展覽場所，主要展出東方藝術品；1958年越南民主共和國接管了博物館，這裡的展覽內容便改為越南國家歷史。這棟建築融合了法越建築特色，並以雙牆和重簷等設計，保持屋內的通氣涼爽，是河內現存最漂亮的法式殖民地建築之一，2000年時因前美國總統柯林頓的造訪，還曾加以整修，成為今日的面貌。這裡是了解越南文化很好的起點。

河內：還劍湖

描繪陳興道大敗蒙古軍的白滕江戰役圖。

多座象徵濕婆的完整林迦座。

華麗的皇族家具，以及織工精細考究的皇室服飾。

保存良好的7頭蛇神那迦(Naga)之雕像。

精美的千手觀音木雕。

館內的收藏橫跨數千年的歷史文物，其中收藏了大量占婆文化的雕刻，除了峴港的占婆博物館之外的占婆藝術重鎮。

優雅又活潑的殖民地建築風格

東南亞的建築風格受到悶熱的氣候影響，注重通風，設計大多以簡單的線條為主，建材則主要是實木。

法國人來到越南殖民後建了許多歐式的建築，但是為了適應當地的氣候和文化這些建築通常會經過改良，融合當地的建築特色和技術，於是就形成了獨特的殖民地風格建築。

最典型的特徵就是這些歐式建築出現了外部走廊，主要目的就是為了遮陽散熱，還有拱頂結合中式的木造屋簷、使用原始材料的顏色做搭配等特徵，強烈的風格讓人能一眼就認出來。

鳥神迦樓羅(Garuda)。

有著豐滿乳房的梵天大神(Brahma)。

河內歌劇院
Nhà Hát Lớn Hà Nội

如何前往

從大教堂步行前往約18分鐘

info

⊕1 Tràng Tiền ☏(24)3933-0113

◐票房營業時間為10:00表演開始前

⊜視表演票價而異

⊕hanoioperahouse.org.vn

河內歌劇院是法國殖民越南時期的重要建築之一，經過10年的建造在1911年開幕，一直到1945年在歌劇院的陽台上發動8月革命，都被認為是法國在殖民地的文化與建築藝術的驕傲。在獨立後，河內歌劇院變轉換成宣揚社會主義的市民劇院。近年來越南政府又重新整修了歌

劇院一番，想要恢復往昔的法式風采：原先遺留下來的大型水晶吊燈、巴黎式鏡子、光亮的大理石階梯，都隨著潮流再度展現華麗的一面。可惜的是河內歌劇院內部並不開放參觀，想要一睹劇院內的丰采，得買張票入內欣賞表演才行！

照新巴洛克風格的巴黎歌劇院所蓋，愛奧尼亞式圓柱和灰色石版磚等建材，都是由法國直接運往越南。河內歌劇院參

招牌商品是可更換越南服飾、頭戴斗笠的手工小熊。

Nagu

如何前往

從大教堂步行前往約3分鐘

info

⊕78 P. Hàng Trống

☏(24)3928-8020

◐9:00~18:00

⊕www.nagu-vietnam.com

強調心靈觸感的和風小舖Nagu，老闆是日本人，因為熱愛越南的傳統工藝文化，所以找了製作傳統越南工藝品的師父來製作商品。他在河內有4家分店，有的以服飾與小玩偶為主的精品店，有的則是專門以越南瓷器品為主的店。而位在教堂街的這家Nagu便是販賣服飾、袋子與小玩偶的專賣店。Nagu的設計以低調、簡約為主；服飾在簡單中帶有日式的婉約色彩，沒有過多繁複的款式與花樣。

昇龍水上木偶戲院

MAP P.29 C2

Nhà Hát Múa Rối Thăng Long

如何前往

從大教堂步行前往約13分鐘

info

📍57b Đinh Tiên Hoàng

📞(24)3824-9494

🕐每日3~4場公演,分別為16:10、17:20、18:30,週五至週日增加20:00場次。演出時間可能因季節變動。

看熱鬧也要看門道!
雖然來到這裡最大的看點是活靈活現的木偶和絢爛的舞台聲光效果,但是表演全程使用越南語,如果希望能多了解劇情一點,記得在入場前至2樓大廳索取節目單。

💲100,000~200,000越盾

🌐thanglongwaterpuppet.com

❗因為觀賞的遊客眾多,最好不要當日才購票,提前至少1日為上策

現在的水上木偶劇演出需要特別的場地,昇龍水上木偶戲院是河內欣賞水上木偶劇的首選,成立於1969年,劇場提供300個座位,主要舞台為長方形水池,水上木偶的演出者在水深及腰的池裡工作,隱身竹簾後,利用長約2公尺的木棍和多縷絲線,精巧地從水底操縱木偶的動作。

樂曲演奏除了常見的二胡、琵琶、竹笛等,以及越南獨有的「一弦琴」:雖只有一根弦,卻能發出多種不同的音調。水上木偶演出的內容以農村的日常生活為主:插秧、放牛、捕魚、賽龍舟,甚至還有狐狸抓鴨爬上樹頂呢!

河內::還劍湖

以水為舞台，不但可掩飾操縱的木棍，水的浮力更是木偶演出的一大助力。

越南的經典民俗：水上木偶劇

許多到過越南的遊客會告訴你：水上木偶劇是河內最令人印象深刻的事物之一。這種在水上表演的木偶劇，全世界獨一無二，有著深厚的農耕文化傳統。

關於水上木偶的起源尚未有定論，但最早的記載可追溯至一千多年前。河內附近的紅河三角洲，地理環境與中國的江南小鄉｜分類似，處處有水塘、湖泊與沼澤，加上以水田耕種為主要的經濟基礎，人民的生活可說是與水息息相關。當時人們利用農間時分，在水塘上架起表演亭，水上木偶就這樣熱熱鬧鬧地開演了，而表演的目的主要是謝神及祈求來年豐收。

水上木偶的表演必須搭配一組樂團，開場前照例會來一場樂曲演出，因為古時開演前總會用音樂昭告全村表演開始。

河內：還劍湖

現代的水上木偶劇加入了許多技術，像是爆竹和煙霧，來製造更有張力的舞台效果。

關於龍鳳的傳說、李太祖還劍的故事，也都以輕鬆逗趣的方式演出，有寓教於樂的功能。

表演結束後所有表演者會走到幕前向觀眾謝幕。

眼看著木偶一個個輕易地翻滾跑跳、捕魚、划船等，總讓人十分好奇木偶到底如何操作，但這種特殊的技藝並不輕易外傳。

最道地、最受歡迎的餐廳都在還劍湖附近！

河內・還劍湖

Moca Café
咖啡廳

 14-16Nhà Thơ

這家咖啡廳很適合走累時進來休息，大大的落地窗讓你可觀賞來往的行人，但坐在裡面的人，也成了櫥窗的風景之一。Moca Café是當地的老字號咖啡，也是當地人很愛的時髦去處，除了來享用可口的咖啡，較新潮的當地人喜歡到這裡吃早午餐。除了可頌很不錯之外，菜單的選擇很多，像是西式簡餐以及越南春捲等亞洲式食物都有，基本上每季都會更換一次菜單，讓食物更有變化。

📍P.33B2 🚶從大教堂步行前往約1分鐘 ☎(24)3825-6334

must eat!
越式傳統咖啡
35,000越盾起
推薦菜

must eat!
春捲
22,000越盾
(1條)
推薦菜

好吃館
Quán Ăn Ngon
越南料理

 18 Phan Bội Châu

位在花園宅邸裡，沿著牆排列許多攤位，販售各式越南小吃：河粉、越式春卷、醃蔬菜沙拉、奇特的蝸牛湯、鰻魚粥、現烤的烤肉飯、烤海鮮串等，還有五顏六色、類似摩摩喳喳的甜點Chè sương sa hạt lựu，四溢的香氣勾得人腸胃咕嚕嚕，客人可以到每一攤前，現點現做。如果你在盛暑的中午來此，可選擇室內有冷氣的座位，如果是黃昏後就比較建議在庭院裡用餐，可配上一杯冰涼的啤酒，享受路邊攤的美味與氣氛。

📍P.29B2 🚶從大教堂步行前往約13分鐘 ☎903-246-963 🕐6:30~22:00

Banh Mi 25
越南料理

 25 P Hàng Cá

 BBQ豬肉肝醬法棍麵包：35,000越盾 推薦菜

法國殖民時期傳入的法棍麵包演化至今，成了家喻戶曉的越式法國長棍三明治（Bánh Mì）。Banh Mi 25位在河內老城區內，可於餐車點購外帶或是到對面空間內用。法國長棍三明治共有豬肉、肌肉、牛肉與素食可選擇，每份餐點皆為現點現做，烤到酥脆的麵包外皮吃起來格外美味。

另外還有法國長棍搭配鐵鍋料理（Bánh Mì Chào），鐵鍋內有叉燒、越南豬肝醬、荷包蛋及醬汁，並附上爽口的涼拌黃瓜；將法國長棍麵包蘸上醬汁與蛋汁冉搭配肉一起吃，讓人忍不住一口接一口。

🏠P.29B1 🚶從大教堂步行前往約12分鐘
☎0942-548-214 ⏰7:00~21:00

Đắc Kim
越南小吃

 1 Hàng Mành

米粉春捲 Bún Chả：70,000越盾 推薦菜

在河內舊城區路邊的Bun Cha Dac Kim，是當地老字號的餐廳，店家說自1966年就開始營業。餐廳最有名的餐點就是米粉春捲Bún Chả，餐點的製作過程就在一樓進行，以應付絡繹不絕的用餐人潮。

Bún Chả是越南常見美食，口味各有不同，在這裡店家會端上烤肉、米粉、特製調料並附上一大盤蔬菜，可依喜好自行調味，店家點的分量不小，吃起來非常過癮。用餐時刻一到，常可看到外國人熟門熟路地自行上到2樓用餐。好吃的春捲也值得一試！

🏠P.33A2 🚶從大教堂步行前往約5分鐘
☎(24)3828-7060 ⏰9:00~21:00

歌德咖啡館
Cafe Goethe
咖啡廳

 56 Nguyễn Thái Học

土耳其烤肉 Kebab 35,000越盾 推薦菜

想嘗嘗不一樣的食物，或許可以試試歌德咖啡館，坐落於文廟附近的歌德學院(德語語言中心)內，餐廳擁有靜謐的氣氛。食物以德國菜為主，從湯品、沙拉、主菜到甜點齊備，主菜除了牛排、燉牛肉外，還有維也納炸豬排、匈牙利牛肉等食物，選擇非常多樣，價格也算合理。如果你沒有時間坐下來好好享用美食，餐廳外還有供應土耳其烤肉Kebab，讓你可以邊走邊吃。

🏠P.29A2 🚶從大教堂搭車前往約11分鐘
☎904-821-963 ⏰10:00~22:00

走進有數百年歷史的街區，
感受最道地的河內文化。

河內：36條古街區

原本以販售麻織品為主的Hàng Gai街上，併排著眾多服飾店，尤其是手工量身訂做的越南國服彩襖(áo dai)最吸引人。

36條古街區
36 Phố Phường

MAP
P.29
C2

還劍湖北邊的36條古街區，可說是河內最風味獨具的景點了。這個地區原本是紅河和其支流的泛濫區，整個地區的河道交錯，在雨季時河水暴漲達8公尺高，隨著時間流轉，滄海變桑田，河道被馬路所取代，但在許多地方仍可看到河道的遺跡。

最珍貴的是整個街區保留了千百年來留下的傳統和樣貌，當你放慢腳步悠然閒晃於36古街區，你會發現空氣裡仍瀰漫著古樸風味。挑著小吃和水果沿街叫賣的小販、圍成一圈打四色牌的老阿嬤，還有不時映入眼簾的老建築，讓人彷彿穿過時光隧道，回到美好的過去。

從還劍湖步行前往約5~10分鐘

至少預留時間
搭乘人力車遊街：1小時
徒步深入古街區：3~5小時

造訪36條古街區理由

① 欣賞河內的古建築

② 體驗各行業以街區分的特殊風貌

③ 規模超大的東雙和杭大市場

怎麼玩
36條古街區才聰明？

搭乘人力車

整個36條古街區範圍很大，如果不想花太多時間走路，可以選擇搭乘到處都找得到的人力車，體驗在地風情，繞古街區一整圈價格大約是**150,000越盾**。

欣賞馬賽克壁畫

全世界最大的馬賽克壁畫就在36條古街區附近，從白馬最靈寺後面的Nguyễn Siêu街向東走3分鐘到Trần Nhật Duật路就可以看見了。

河內：36條古街區

DO YOU KNOW

一條街就是一整個行業！

河內自 1010 年開始成為李朝 (974~1028 年) 的首都，為了服務皇室，許多商店和手工業從全國各地被集中到皇城附近定居，為了分享資源和統一管理，每種行業集中在一條街，例如：陶器街、筆街、紙街、鞋街、布街、魚街、祭祀用品街、金銀飾品街等。經過千年的演變，這地區現在已有 76 條街，街名仍保留原有的行業名稱，有些仍保有原始行業的演進版。

販售金紙線香等祭祀用品為主的Hàng Mã，則是西方觀光客最好奇的對象。

從路名學越南語

在36條古街區很容易注意到這裡的地名裡多半以Hàng做為開頭，Hàng正是從中文裡的「行」字演變而來，指的就是行業。此外Phố和Ngõ也是很常見的字，Phố的意思是街，Ngõ的意思則是巷。通常接在這幾個字後面的字就是各個行業的名稱，代表了那一整條街專門從事的行業。

DO YOU KnoW

代代相傳感恩的心

古街區到處都可以看到祖師廟或祠堂，這是因為聚集在這裡的大部份行業是傳統的手工製造業，這些行業的技術傳承十分重要，因此這些匠人及其後代從不敢忘記祖師的功勳，建了許多廟來緬懷祖先，並提醒後代子孫要飲水思源，將珍貴的手藝、技術繼續傳承下去。

Hàng Tre街上的店面排了一列列的竹子，等待再製成日用品。

原本以藤編物品為主的Mã Mây，現在則成了小民宿和旅行社聚集的地方。

有些街道隨著時代的轉變而有不同的風貌，老街區也多了許多咖啡館、餐廳及紀念品店。

漫步在古色古香的街道之間，每一條街都記錄著一個時代。

重修後的老屋結構還算完整，是近距離了解河內人民日常起居的最佳去處。

36條古街紀念館

想了解36條古街的老屋，這間紀念館是最佳選擇。河內的老屋又稱為長屋(Tube House)，特色是從正面看起來很小，大概寬度都只有3~4公尺；縱深卻很長，最長的甚至達120公尺長！這是因為以前的營業稅是依店面的大小為課稅基準，為了減少負稅，每個人都把房了蓋成店面小縱深長，而且每戶都有2~3進，每進的深度約5~6公尺，多半為2層樓高。這間古街紀念館興建於19世紀末，但北越建國後，這間大宅邸成為5戶人家所共有，因而做了許多更動。1999年在國家撥款重建，才有今日的樣貌，以紀念館的型態開放參觀。

📍87 Mã Mây 🕐週一至四8:30~17:00，週五至周日8:30~17:00、19:30~22:00 💲10,000越盾

舊東門

　　這個城門是昇龍古城遺留至今的遺跡之一。昇龍古城原有16道城門，現在的城牆和城門多半已不見，但2002年起考古學家在附近挖堀到古城的城牆，開始進行大規模的挖掘，考古行動仍進行中。

　　從城門的位置可以看出當時36條古街區緊鄰著皇城而建，這是為了方便服務皇室。

📍位在Hàng Chiếu和Đào Duy Từ的交口

白馬最靈寺

　　歷史可追溯至9世紀的白馬最靈寺，是河內現存最古老的寺廟。昇龍古城的四個方位都有一座廟，白馬最靈寺是東廟，但現存的建築為1839年重建，中央的鳳形祭壇也是在當時新增。據說當初李太祖建昇龍城時，城牆屢建屢塌，直到他向神明Long Đỗ請示，忽然出現一匹白馬，李太祖指示沿著白馬的足跡興建城牆，最後才成功地築起昇龍城的城牆，於是李太祖興建白馬寺供奉Long Đỗ，視之為護國神。白馬寺於2000年被列為國家級古蹟保護。

📍76 Hàng Buồm

白馬最靈寺重建時這裡有許多華人定居，因此門口用中文題字。

東雙和杭大市場
Chợ Đồng Xuân & Chợ Hàng Da

位在36古街區北側的東雙市場，可說是河內最具歷史，規模也最大的市場。市場的所在地原本是個湖，1889年蓋起了東雙市場，3層樓的建築占地有一街區寬，1994年一場大火將這裡全燒了。重建後的建築於1996年開始營業，門面看起來很氣派，整理得也很乾淨，不會有傳統市場的積水和臭味；2樓的成衣貨品很多。

📍Đồng Xuân, Hoàn Kiếm, Hà Nội

位於古街區西南側的杭大市場，規模較小，但前排店面的貨色較高檔，有不少進口貨及乾貨，裡面則有些陶磁手工藝品的小販，價格很不錯。

DO YOU KNOW

全世界最大的馬賽克壁畫：
Ceramic Mosaic Mural！

在 36 條古街區附近的 Trần Nhật Duật 路上可以看到一道滿是陶瓷馬賽克藝術的牆，這是河內為了慶祝建都 1000 年而建的超大型藝術品，整個壁畫完成於 2008 年，全長接近 4 公里，總面積超過 7000 平方公尺，毫無懸念打破了吉尼斯世界紀錄，成為全世界最大的馬賽克壁畫。壁畫使用陶瓷鑲嵌的方式創作，主題圍繞越南的歷史和文化，用色和主題皆活潑且多樣。

原本普通的一道水泥牆搖身一變成為了河內新興的熱門景點，來到 36 條古街區千萬別錯過這個完美融合傳統和現代藝術的作品！

古街名稱與行業對照表

街名	行業	街名	行業
Bát Đàn	木碗	Hàng Giấy	紙／鞋
Bát Sứ	陶瓷器皿	Hàng Hòm	箱子
Chả Cá	烤魚	Hàng Khoai	地瓜
Cầu Gỗ	木橋	Hàng Lược	梳子
Chợ Gạo	稻米市場	Hàng Mành	竹屏風
Hàng Bạc	銀樓	Hàng Mã	紙錢等祀祭用品
Hàng Buồm	船帆	Hàng Mắm	魚露
Hàng Bút	筆	Hàng Muối	鹽
Hàng Bông	棉	Hàng Nón	斗笠
Hàng Bè	竹筏	Hàng Quạt	扇子
Hàng Cá	漁貨	Hàng Rươi	海參
Hàng Cân	量器	Hàng Than	炭
Hàng Chai	繩線	Hàng Thiếc	馬口鐵
Hàng Chiếu	草蓆	Hàng Thùng	桶子
Hàng Chĩnh	瓶罐	Hàng Tre	竹子
Hàng Da	皮件	Hàng Trống	鼓
Hàng Đào	染色絹	Hàng Vải	布
Hàng Dầu	植物油	Lò Rèn	鐵匠
Hàng Điếu	管樂器	Lò Sũ	棺材
Hàng Đồng	銅器	Mã Mây	藤製品
Hàng Đường	糖	Ngõ Gạch	磚
Hàng Gà	雞	Thuốc Bắc	草藥
Hàng Gai	麻織品		

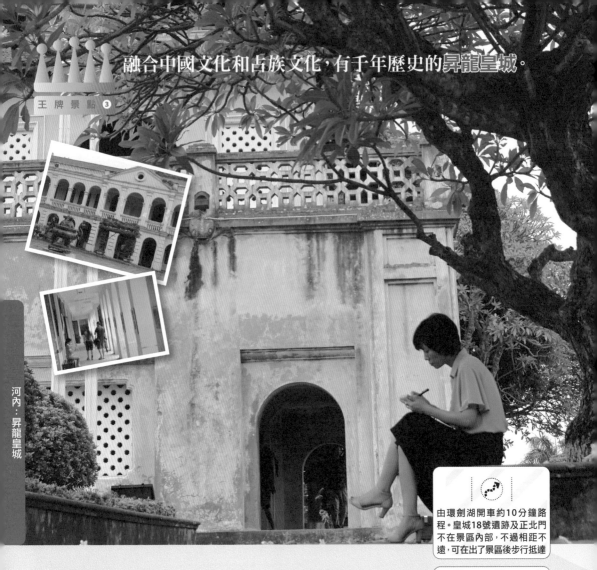

融合中國文化和占族文化，有千年歷史的**昇龍皇城**。

河內：昇龍皇城

由環劍湖開車約10分鐘路程。皇城18號遺跡及正北門不在景區內部，不過相距不遠，可在出了景區後步行抵達

昇龍皇城
Hoàng thành Thăng Long

MAP P.29 B1

昇龍皇城建於11世紀的李朝，於2010年被列為世界文化遺產。當時李太祖推翻了黎朝的統治和中國宋朝的干政，建立王朝，並建都於河內，昇龍皇城象徵著越南獨立的標誌。此處最早可追溯到7世紀，原是中國在紅河三角洲所建的城堡。經過千年來的毀損和整修，許多遺跡都被埋在地底下，直到2012年發現的18號考古遺址，這裡出土了大量的文物，說明了河內做為越南的政治、經濟及文化中心長達十個世紀，中國、南方的占族古國以及鄰國文化，在這裡交織而成獨特的文化。

皇城內部除了古蹟展示外，還有一間展館陳列著出土文物，從前黎朝開始一直介紹到阮朝，讓人快速對河內的歷史、各朝文化有初步的了解。

ⓘ

◎ Số 12 Nguyễn Tri
Phương, Ba Đình
☎ (24)3734-5427
⏱ 8:00~17:00
☒ 週一
💲 全票30,000越盾、優待票
15,000越盾
🌐 hoangthanhthanglong.
com

至少預留時間
只參觀展覽室和遺跡：1小時
參觀整個園區：3小時

造訪昇龍皇城理由

① 融合多元文化的古老建築。

② 展出許多珍貴的越南古文物。

③ 越南曾經的政治、經濟、文化中心。

展覽室內有皇帝專用的器皿，在光線照射下，從側邊竟可看出兩條精美的龍形紋路，令人讚嘆當時的工藝技術。

入口處

許多人來到這裡找不到昇龍皇城的入口，這是因為售票處和入口都在**停車場旁的一棟現代建築裡**，看到停車場走進去就對了！

昇龍皇城在2010年被列入世界遺產，巧合的是皇城的建造剛好在一○○○年前。

18號考古遺址旁是氣派的越南國會大廈和巴亭廣場。

服裝規定

這一區的景點不是寺廟就是紀念越南民族英雄胡志明，因此大部分都有服裝限制，不得穿短至膝蓋的褲子、裙子以及無袖的上衣

皇城內部除了古蹟展示外，還有一間展館陳列著千年文物，精彩的文物展出及解說，讓人快速對河內的歷史、各朝文化有初步的了解。

衛兵交接

胡志明靈寢每天早上8:00和下午14:00會有衛兵交接儀式，別錯過衛兵們整齊劃一又帥氣的動作了！

河內：昇龍皇城

建築上的雕刻裝飾以及宗教文物等，可看出各朝代或華麗或簡約的藝術風格。

DO YOU KnoW

「昇龍」的由來

11 世紀初當時的河內名字是大羅城，李朝太祖李公蘊推翻了前黎朝建國，他在選擇都城時認為大羅城的位置居天下之中方便治理，且物產豐饒，是設置都城的理想之地，於是定都於此。據說當他在遷都時乘船抵達城外，忽然有一隻黃龍從水中騰空飛起，李太祖認為這是吉兆，表示遷都至此地是順應天意。因此他將大羅城改名為昇龍，從此昇龍就成了李朝、陳朝和後黎朝的三朝首都，一直到阮朝時才改名為河內。

從李朝的遺跡到越戰時的指揮總部，穿越千年的文化體驗。

端門 Đoàn Môn

黃色的端門是進到昇龍皇城先經過的第一道城門，又被稱為「南門」，端門及前方庭園是皇家進行宗教及政治活動之處。遊客可登上端門，居高臨下眺望遠方，位於正前方的就是旗塔。

端門旁的地底，可見用玻璃覆蓋展示人們挖掘地底發現的遺跡。這些深埋地底的古物是後黎朝(1428~1527年)及李朝(1009~1225年)時期文物，這也說明了端門自11或12世紀，就已經設於此地。

敬天殿 Điện Kính Thiên

敬天殿是從前皇帝的宮殿，可惜已不復見，不過進到宮殿之前，先經過雕刻精美的樓梯，這是當時的古蹟，建於1467年。總共9個階梯，兩條石龍將樓梯分為三個部分，中間是皇帝才能行走的。

地下碉堡在地下9公尺深處，也可以當做防空洞使用。

House D67及地下碉堡

位於地上的House D67建築以及一旁的地下碉堡，是越戰時期重要的指揮中心。戰時北越的高級將領們就聚集在這裡開會，並做出重大決策，在House D67及地下碉堡都模擬了當時開會的模樣，並展示部分使用的物品。

前往地下碉堡需走入地底，經過厚重鐵製大門，才會來到擺設著大張會議桌及椅子的房間，不難感受當時緊張肅穆的氣氛。House D67也是當時著名的北越將領武元甲工作及休息的地方，現場也還原了當時的情景。

後樓 Hậu Lâu

這裡原是皇后及公主的居所，到了阮朝，後樓又成為陪同國王來昇龍皇城時，其跟隨者所居住的地方。可惜後樓在19世紀被催毀，由法國人重建，也就是如今看到的模樣。

除了考古工作，這裡同時也在進行遺跡修復。

展覽室

這裡展出的大部分是李朝和陳朝的文物，從日常用品、藝術品到兵器，種類繁多，對認識越南文化和歷史有很大的幫助。此外還能看到中國和日本的文物，可以了解到當時越南透過貿易和其他地區的頻繁交流，並受到這些地區很深的影響。

皇城18號遺跡

離開昇龍皇城景區，別忘了來到位於地址於 18 Hoang Dieu Street 的遺跡參觀。2012年這裡進行大規模的挖掘，發現了自7世紀開始一直到20世紀，不同朝代遺留下的遺跡，在這塊土地上依次往上堆疊。

目前挖掘考古工作仍在進行著，現場也展示考古人員發現的遺跡，包括黎朝時期木船，還有李朝時期的地基，由此可看出當時的建築格局。其他出土文物還有銅錢、珠寶及武器等，不過現場沒有展示出來

正北門

正北門建於1805年，是皇城唯一倖存的城門，城門上的「正北門」3個字，仍清楚可見。在城門左下方還留有戰爭時被炸毀的痕跡。城門上目前是供奉著兩位為對抗法國軍隊而喪命的英雄。參觀正北門可以不用買票，由於免費參觀沒有時間限制，可以先造訪昇龍皇城最後再來這裡。

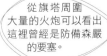

從旗塔周圍大量的火炮可以看出這裡曾經是防備森嚴的要塞。

旗塔

28A Điện Biên Phủ (位於越南戰爭歷史博物館的戶外展覽區旁)

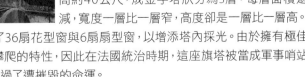

這座外觀斑駁的旗塔，屬於昔日昇龍古城的一部分，由阮朝皇帝嘉隆(Gia Long)下令興建。建於1805~1812年，塔樓高約40公尺，成金字塔狀分為3層，每層面積遞減，寬度一層比一層窄，高度卻是一層比一層高。塔身四周共開了36扇花型窗與6扇扇型窗，以增添塔內採光。由於擁有極佳的視野且不易攀爬的特性，因此在法國統治時期，這座旗塔被當成軍事哨站使用，也因而躲過了遭推毀的命運。

看完千年古蹟，再來認識越南的近代史。

MAP
P.29
A2

越南軍事歷史博物館
Bảo Tàng Lịch Sử Quân Sự Việt Nam

如何前往

從大教堂搭車前往約8分鐘

info

🏠28A Điện Biên Phủ　☎(24)6253-1367

🕐8:00~11:30、13:00~16:30　🚫週一、五

💰40,000越盾、照相機30,000越盾

🌐baotanglichsuquansu.vn

　　武器博物館於1956年在胡志明總統的主持下開幕，不過隨著後來遍及南北越的戰事，武器博物館逐漸調整其角色，成為研究、保存和保護從戰場上除役的武器設備的地方，同時以特展激勵士兵與人民達到解放南越，直至1975年統一全國為止。

　　2002年起，武器博物館更名為越南軍事歷史博物館，裡頭的展覽也以建國之初到胡志明領導時期的越南軍事歷史為主。在它占地廣闊的展覽空間裡，分為室內與室外，收藏了大約16萬件物品，並以每次約4,000件展品輪流展出，讓人對戰爭的無情留下深刻印象。

DO YOU KNOW

用戰機埋葬無情的戰爭

一走進博物館目光就會被看起來殘破不堪的紀念碑給吸引，這座紀念碑的組成是由美軍和法軍的戰鬥機殘骸推疊而成，既像紀念碑又像是墳墓。紀念碑上有一大張彩色照片，描述的是一名背著步槍的越南少女在海灘上拖著美國軍機的殘骸前進，令人震撼的畫面和飛機殘骸形成強烈的呼應，讓人感受到戰爭的可怕。

編號4324的米格21戰鬥機有擊落14架敵機的輝煌紀錄

編號985的T54B戰車隸屬於北越陸軍，曾經參與過越戰和入侵柬埔寨的戰爭。

當年美軍撤出越南時留下了很多裝備和彈藥。

文廟
Văn Miếu

MAP P.29 A2

如何前往

從大教堂搭車前往約13分鐘

info

🏛 58 Quốc Tử Giám

☎ (24)3747-2566

🕐 4月15日~10月15日 7:30~17:30，其他日期8:00~17:00

💰 成人30,000越盾、優待票15,000越盾

文廟的全名為「文廟-國子監 (Văn Miếu - Quốc Tử Giám)」，算是全河內保持完好且最美的古蹟，建地廣達55,027平方公尺，包括文學之湖、國子監公園以及用紅磚圍起的內院。祭拜孔子及其四大弟子的文廟，建於1070年的李朝時代，雖然在超過900年的時間裡屢經整修與重建，依然能保持原始的風格。

內部分為五座庭園。第二座庭園由中庭大門伸展至奎文閣。奎文閣建於1805年，是河內歷史文化的象徵。第三座庭園是碑林院，第四座庭園則是大成門，又稱為賢明園，在中央禮堂的兩旁有2座小屋，原本是用來安放孔子的72位門生和越南文學家朱文安(1292~1370年) 的祭壇之用。

在大門廊前是四根高柱。

最高學術殿堂：國子監

文廟內的第五座庭園為國子監，1076年由皇帝又下令興建，以教育皇室及貴族子弟，或是優秀的平民學生，但於1947年戰爭遭法國焚燬，如今是整修後的面貌。這裡時常有學子前來祈求考試順利，據說登上主建築環繞一周會更靈驗。國子監裡還供俸著越南儒學大師朱文安，他在越南的地位就像是孔子一般。

第一座庭園由入口處大門廊沿伸到文廟門，此門旁邊還傍有兩座小門，代表得到才能與伴以德性。

走進第三庭園碑林院，庭園中央是個方型的天光井水池。

碑林院左右有兩道長廊置放由石龜所馱負之82座碑林，上面刻有1484~1780年之間所舉行之82次考試通過之1,306位舉人的姓名及出生地。

中央禮堂則是祭拜孔子和他的4大弟子：復聖顏回、宗聖曾子、述聖子思、亞聖孟子。

河內：昇龍皇城

鎮國寺
Chùa Trấn Quốc

MAP P.29 A1

如何前往

從大教堂搭車前往約25分鐘

info

⊙Thanh Niên路旁，位於西湖東側的島上

⊙7:30~11:30、13:30~18:30

⊙樂捐

　　這是全越南最古老的寺廟之一，建於第6世紀前李朝李南帝在位期間，初名開國寺，建於珥河津口安華村地方(即今屬安阜坊)。1440年改號安國寺。後黎敬宗皇弘定時1616年間，寺廟遷建於金魚灘。此時號為鎮國寺。不過，也有說法是鎮國一名起自李、陳朝，中國軍民打敗北寇之後。1639年鄭王修繕鎮國寺，興建左右走廊。此後屢經重修新建。

　　鎮國寺的歷史在廟方有詳細紀載，包括李八葉時，倚蘭太后常於寺內大開齋宴，以向諸僧問道。至阮朝1842年紹治皇帝改寺號為鎮北寺，但民間仍稱為鎮國寺。

1959年印度總統波羅薩來越南訪問期間，還親自將釋迦牟尼禪坐成道處的菩提樹，種植在寺內。

最引人注目的是高11層的6角蓮台寶塔，內供多座或大或小的佛像：臥佛、千手觀音、彌勒佛、指天地佛等，1989被列為國家級文化遺產。

殿內正中匾額為顏體楷書「北圻第一名勝」。

柱頭彩雕精美，兩柱之間有條大彩龍。

MAP P.29 A1

真武觀
Đền Quán Thánh

如何前往
從大教堂搭車前往約15分鐘

info
入口位於Thanh Niên和Quán Thánh兩條路交會口 8:00~17:00 全票10,000越盾、優待票5,000越盾

真武觀是河內最大的道觀，大約建於11世紀李朝太祖時期，觀內供奉玄天上帝。最著名的是以黑銅鑄造的真武帝君像，有3.72公尺高，重達4公噸，腳踩石龜，手執寶劍，劍身有蛇纏繞。據越南傳說，從前有一九尾湖精在此為非作歹，使城門屢建屢崩，玄天上帝應金龜之請求，降伏湖精，皇帝便建觀供奉之。

觀內外有許多漢字提寫的對聯匾額，例如觀門掛有鍾孤竹所提之詩：「佳氣熏微落照紅，巍然臺觀倚高空，神仙幻化千年劫，今古桑滄一夢中。」意境頗為悠遠。

有此一說～

金牛湖的由來
關於西湖有幾則為人津津樂道的傳說，其中一說解釋了為甚麼西湖的別名是金牛湖。在11世紀時，有位名為Không Lô的越南和尚替中國皇帝治病有功，於是皇帝獎賞了他許多青銅，和尚便將這些青銅鑄成一個大鐘。然而這個大鐘的聲響可遠及中國，讓一隻金牛誤認為是母牛的呼喚聲，便從中國一路奔跑到西湖的現址，在這裡不肯離去，並且把它踏成一個大湖！

寺前有片廣場，面湖之處是欣賞西湖夕陽的絕佳景點。

MAP P.29 A1

西湖
Hồ Tây

如何前往
從大教堂搭車前往約15分鐘

info
位於河內市區北部

在河內市區的72座湖中，又以西湖最大，與一旁的白竹湖(Hồ Trúc Bạch)兩湖相通。西湖的面積超過500公頃，周圍有17 公里長，由紅河經年來氾濫導致河道改道所留下的封閉河道形成。因為緊鄰皇城，西湖一直是歷代皇室與貴族最愛的地區，周邊曾興建過夏宮和豪宅，只可惜內戰期間被摧毀。

MAP P.29 A1

胡志明靈寢
Lăng Chủ Tịch Hồ Chí Minh

如何前往

從大教堂搭車前往約15分鐘

info

⊕8 Hùng Vương, Điện Biên

⏰4~10月：週二至週四7:30~10:30、週末和假日7:30~11:00；11~3月：週二至週四8:00~11:00、週末和假日8:30~11:30 ⏸週一、週五

💲免費 🌐www.bqllang.gov.vn

　　胡志明靈寢可說是河內最受歡迎的旅遊景點了，對外國人來說，這裡是見證越南社會主義的創始，對越南人來說，是景仰他們所敬重的「胡叔叔」之重要地點。這座四方高大的建築並沒有過多的裝飾，建於1973~1975年。1945年9月2日胡志明於此宣布獨立，從此這一天便成為越南的國慶日。

　　入口處有衣著光鮮整齊的憲兵站崗，每天早上8:00和下午2:00都有衛兵交接的儀式。

最高規格的安檢！

胡志明靈寢、胡志明故居、胡志明博物館及一柱廟都必需由統一入口進入，參觀者要先經過安檢，並將背包寄放入口處，再跟隨指示前往胡志明靈寢。抵達靈寢前需將相機寄放在另一個地方，靈寢內部禁止照相，待參觀出來在靈寢門口外統一取回。入內不能穿短褲、背心與帽子，請記得務必要保持嚴肅的心態與行為。背包需回入口寄放處領回，寄放處中午有休息時間，過了就要等到下午開放時才能領取，要特別注意。

可以容納20萬人的巴亭廣場

巴亭廣場是胡志明靈寢前的大廣場，面積約3萬多平方公尺，十分氣派，因為胡志明在此宣讀越南獨立宣言而有了特別的地位，這裡也是河內人民集會和節日活動的重要場所。此外許多越南重要的建築和政府機關都圍繞著巴亭廣場而建，包括胡志明靈寢、胡志明博物館、外國大使館、國會大廈等，所以這裡也成了觀光客必經的景點。

幸運的話可以在靈寢外的廣場，欣賞到憲兵交接的情形。

河內：昇龍皇城

主席府與胡志明故居
Nhà Sàn Bác Hồ

MAP
P.29
A1

這個以上好木材蓋成的高腳小木屋緊鄰湖畔，依然保持胡志明生前的模樣。

如何前往

從大教堂搭車前往約15分鐘

info

📍1 P. Ngọc Hà, Đội Cấn ⏰4~10月：7:30~11:00、13:30~16:00；11~3月：8:00~11:00、13:30~16:00 💰40,000越盾 ⏰週一下午

ditichhochiminhphuchutich.gov.vn

這棟建於1906年的黃色法式建築，原是殖民時期印度支那的總督府。胡志明主席於1954~1969年9月在此處理國政。如今主席府只用來接待政府官員，內部並不對外開放。由主席府旁沿著芒果小徑可走到一間毫不起眼的小木屋，這就是胡志明故居。在1958~1969年間，他都生活在此，但有人懷疑這只是讓美軍轉移注意力的錯誤目標。屋內有兩層，下層是開放式的接待室，樓上則是臥室與書房，非常樸實無華，入口處依然有兩名衛兵站崗。

📖 **帶領越南走向獨立的民族英雄：胡志明**

胡志明誕生於1890年，自幼就有趕走法國殖民者的想法，為了拓展自己的視野，1911年在一般法國船上擔任廚師工作，航行過北美、非洲及歐洲等地，後來前往巴黎，在那裏修習多國語言，並於1920年加入法國共產黨，之後到莫斯科學習，並在1941年回到越南成立共產黨，開始革命事業。1945年胡志明領導的越盟趁二戰剛結束的混亂時機，發動8月革命，爆發法越戰爭，胡志明領導越南人民取得了勝利，法國退出越南。1960年代，又發生南北越戰，在中國的武力支持下，胡志明再度領導人民進行抗美救國戰爭，於1975年得到最後勝利，全國統一。1969年9月3日，胡志明因嚴重的心臟病不幸逝世，享年79歲。

一柱廟
Chùa Một Cột

MAP
P.29
A1

寺廟仿出水蓮花而建，石柱四周的四根木支架如同花，寺身則是花瓣。

如何前往

從大教堂搭車前往約15分鐘

info

📍Ông Ích Khiêm (介於胡志明靈寢與胡志明博物館之間)

⏰7:00~18:00 💰免費

幾乎已是河內地標的一柱廟，由李朝皇帝於1049年間所建。傳說這位皇帝年事已高卻膝下無子，於是求神賜子。某夜夢見觀世音菩薩坐在蓮花上，手抱一子予他，夢醒告知大臣，不久果得一子，皇帝便建此一柱廟感謝神恩，取其狀如蓮花，除了根據夢境也象徵出汙泥而不染。

在法國撤出越南時，曾因內戰的關係而

毀壞一柱廟，現今的廟身是1954年重建。廟身為木造，矗立於立在水中的一根石柱上，直徑有1.25公尺，內部供奉觀世音菩薩，有許多越南婦女前來上香祈求子嗣。

越南藝術博物館
Bảo Tàng Mỹ Thuật Việt Nam

MAP P.29 A2

如何前往

從大教堂搭車前往約8分鐘

info

📍66 Nguyễn Thái Học

📞(24)3823-3084 🕐8:30~17:00

💲全票40,000越盾、優待票20,000越盾

🌐vnfam.vn

越南國寶級的收藏：神光寺的雕龍木門

這對木門來自北越太平省神光寺的大門，兩扇門都是由四片木板組成。每扇門上都雕有一條大龍、一條小龍和一隻越南神話中的神獸，兩條龍的頭面向門之間的軸線，當木門關上的時候會形成一幅對稱的圖像。這對木門具有極高的藝術價值，因為其繁複的紋飾和結構體現了精湛的雕刻技巧。

　　越南藝術博物館的建築建於1937年，原本是一座天主教的女子宿舍，因此可以看出殖民地時期法越合璧的建築風格。館藏十分豐富，是越南規模最大的美術館之一，總共有3層樓及一個特展區，共分為27個展區。

　　1樓收藏有大量的古文明雕刻，其他樓層還有具特色的越南漆畫，隨著時代的演進，漆畫的手法日益精進，有些利用多重的漆料，營造出立體的空間感；有些則在漆上加入碎蛋殼，形成獨特的筆觸。此外，也展示了不同時期的作品，這些藝術品涵蓋了油畫、絲織、雕刻等。

占婆文化時期的印度神祇砂岩雕刻。

河內：昇龍皇城

戰爭對越南當代藝術發展的影響

從二戰結束後和法國的獨立戰爭，到由美國介入、惡名昭彰的越南戰爭，甚至是短暫的中越戰爭，越南的近代史充滿了戰爭，對越南社會有深刻的影響。這樣的影響在藝術領域更是明顯，尤其是當代藝術很大一部分的作品都和對戰爭的反思有關，不論是繪畫、雕塑、漆畫、裝置藝術等形式，在越南藝術家誇張、詼諧的表現背後藏著的是對戰爭的控訴，這點只要參觀過越南的美術館就能深刻的體會到。

造型豐滿的金翅鳥(Garuda)與蛇神那迦。

印度教中表情兇悍的守衛神(Dvarapalas)。

河內：昇龍皇城

這個漆畫屏風也是國寶級的作品，描述的是花園中的女孩。

多種佛雕像，例如11世紀的石雕佛像、17世紀融合中印特色的千眼千手木雕觀音像，以及受中國文化影響的龍鳳造型淺浮雕。

這尊千手觀音像總共有42隻手，表現出大無畏的神聖形象。

越南民族博物館
Bảo Tàng Dân Tộc Học Việt Nam

如何前往

從大教堂搭車前往約30分鐘 (距市中心約8公里)

info

⊙Đường Nguyễn Văn Huyên ☎(24)3756-2193 ⊙8:30~17:30 ㉿週一、新年假期 ⑤全票40,000越盾、優待票15,000越盾，英語導覽100,000越盾 ⊕www.vme.org.vn

1997年開幕的民族博物館，不論館藏或設備，在越南全國都算得上數一數二，而且54個民族的文化，豐富又多彩，使這個博物館十分有看頭。在拜訪北越山區之前，一定要先來此認識這裡。

博物館可分為室內和室外兩大部分，室內展示各個少數民族的樂器、婚喪喜慶的用品、祭祀用品，甚至日常用的刀具、耕作器具、武器，都在展示之列。

戶外展示區非常有趣，博物館請來了不同族群部落的人，在這裡搭起多座具少數民族特色的屋舍，包括岱族(Người Tày)的高腳屋、巴拿族(Người Ba Na)的公共空間、嘉萊族(Người Gia Rai)的墓室、埃第族(Người Ê Đê)的長屋、越族(Người Việt)的屋舍。

少數民族多彩的民俗服飾。

占族(Người Cham)的雙層屋頂房。

俗族(Người Yao)半穴居房

文物搭配影音和文字解說，可深入了解每個民族的特色與文化背景。

特殊的住房形式代表了不同民族適應環境的需求，也反映了不同的社會組織與宗教信仰，是十分有趣的展覽並值得深入了解。

河內：昇龍皇城

巴拿族 高頂屋

這個有著獨特高尖屋頂的茅草屋，在博物館的戶外區裡十分引人注目。這個屋頂的高度有17公尺，是巴拿族的社區中心，所有的祭祀活動都在此舉行，而這裡也是未成年男子在此學習狩獵、編織竹籃、學習傳統道德、聆聽祖先的傳說與故事等的地方。不過，為何會以這如此獨特的造型來呈現，至今學界尚未有定論，有一說是高高的屋頂得以直達天聽，被視為溝通天地訊息的橋梁。

嘉萊族 墓屋

嘉萊族的人去世後，與母系的親族，合葬於部落裡的墓屋。墓屋的四周以許多大型人像雕刻為裝飾，代表這些人將陪伴死者前往另一世界。而房屋4個角落的人和動物，代表著僕役，也將隨之前往來世。祭祀死者的儀式結束後，整座墓屋會被砸毀。

埃第族 長屋

埃第族算是占族的分支，為母系社會，他們的房屋為長形的高腳屋，裡面的成員為女兒及孫女兒所共同形成的大家族，長屋旁還有一些較小的房屋。長屋的長度可擴充，從房屋的長度就可看出是幾代同堂，甚至從窗戶的數目就可算出這家族裡的女性成員數量。而房屋正面有2組樓梯，1組供家人，另1組供客人使用；樓梯上刻了1對女性乳房，這是埃第族的神聖標誌，也代表了母系社會的家族體系。

MAP
P.29
A1

胡志明博物館
Bảo Tàng Hồ Chí Minh

如何前往

從大教堂搭車前往約15分鐘

info

🏛 19 Ngọc Hà

📞 (24)3846-3757

🕐 8:00~12:00、14:00~16:30

🚫 週一、五

💲 40,000越盾

🌐 baotanghochiminh.vn

　　為紀念胡志明和他對越南的貢獻，胡志明博物館，選在胡志明百年誕辰的生日

博物館展出分為過去和未來兩部分，講述胡志明的奮鬥歷程以及他對越南的期許。

(1990年5月19日)開幕，這裡是了解胡志明這位革命家最好的起點。博物館詳細介紹了胡志明從出生、就學一直到領導人民的過程，整個牆面都是胡志明一生留下的照片及文字介紹，包括相關他的日常生活、書信、居住房屋的模型等。樓上則是用模型展現了越南傳統文化、抗戰及現代的模樣等。

用餐選擇

品嘗中西合璧的創新口味

KOTO Restaurant
越南料理

must eat!
香蕉葉魚
Fish in banana leaf
328,000越盾
推薦菜

 35 P. Văn Miếu

我們常說：「給人魚吃，不如教他釣魚」，位於文廟對面的KOTO餐廳，則是這句話的具體實踐。1996年來自澳洲的Jimmy Pham，為了協助流浪街頭的青少年，開設

KOTO餐廳讓這些社會弱勢者有機會習得一技之長與美語，取得一份合理的工作。經過多年的努力，KOTO已幫助許多青少年打破貧窮的惡性循環，許多學生因而進入五星級旅館工作。來此用

餐，不只是可滿足口腹之慾，也算是為這些流浪街頭青少年，期許一份美好的未來，餐廳的所有盈餘都投入訓練課程。

📍P.29A2 🚕從大教堂搭車前往約13分鐘 ☎(24)6686-7736 🕐7:30~22:30 🌐www.koto.com.au

---

Hoang's Restaurant
越南料理

must eat!
春捲
89,000越盾
推薦菜

56 P. Hàng Buồm

位在河內老城區的Hoang's餐廳座落在一棟法國殖民時期的歷史建築內，店內可看見許多外國人前來用餐，搭配輕柔音樂與服務人員親切微笑，用餐時讓人感受河內的靜謐與閒適。

菜色選擇多樣，一份春捲約為89,000越盾，主餐有海鮮、牛、豬、雞肉等，各種飯類與米線河粉等料理。不知道要點什麼，可參考店內推薦菜單。餐廳不僅能用餐，還可報名烹飪課學習料理傳統越南菜。

📍P.29B1 🚕從大教堂開車前往約11分鐘 ☎094-981-4805 🕐10:00~22:30 🌐hoangsrestaurant.com

---

Cafe Giảng
咖啡廳

must eat!
蛋咖啡
Cà phê trứng
35,000越盾
推薦菜

 39 P. Nguyễn Hữu Huân

Cafe Giảng是河內最早且知名的蛋咖啡創始店，第一代是1940年代任職河內Metropole Hotel調酒師的Nguyen Van Giang，當時他常常煮卡布奇諾給西方旅客，希望本地人也能嚐到這種美味，但在物資短缺的年代，奶油和牛奶都昂貴且取得不易，所以改用平價的砂糖和雞蛋替代。細密香濃的奶泡融合咖啡的苦，對河內人來說，蛋咖啡是飲品也是甜點，上桌時通常會放在裝有熱水的小碗中保溫。

咖啡館隱身在小巷內，走進店內後會有別有洞天的感覺。除了蛋咖啡，店內也提供多種以蛋咖啡作為變化的飲品種類可選擇。

📍P.29C2 🚕從大教堂開車前往約15分鐘 ☎0917-002-299 🕐7:00~22:00 🌐cafegiang.vn

河內：昇龍皇城

同場加映：

從河內出發的小旅行

北越的下龍灣有舉世聞名的美景，不但入選世界自然遺產，還吸引了許多電影前來拍攝，是越南最著名的景點。寧平則有「陸上下龍灣」的美稱，以喀斯特地形和有著千年歷史的古都出名。兩地都離河內不遠，去寧平當天來回時間就很足夠了，下龍灣則建議安排至少兩天一夜，因為這裡最受歡迎的體驗就是搭乘仿古船遊歷各景點，然後在海上過夜。可以參加河內當地旅行社提供的各種行程，通常都包含從河內來回的接送，非常方便。

河內周邊圖

河內
Hà Nội (Hanoi)

下龍灣
Vịnh Hạ Long
(Ha Long Bay)

寧平 Ninh Bình

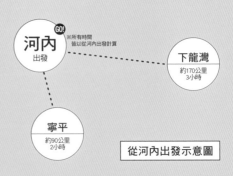

河內
出發 GO!
※所有時間皆以從河內出發計算

下龍灣
約170公里
3小時

寧平
約90公里
2小時

從河內出發示意圖

去一趟車程才2小時，
半天或一天遊時間都剛剛好

碧洞寺是一座建於1428年的寶塔，共擁有3層結構，每層各供奉著一座寺廟。下層那座全都以木頭卡榫，不用釘子，非常古色古香。

\推薦1/
距離河內
位於河內西南方
距離約90公里
搭乘火車路程
約2.5小時

○ 市區交通
從寧平車站前往各景點需要包車，或是搭計程車。

◉ MAP P.66 寧平
Ninh Bình

當天來回的行程

河內近郊圖

同場加映：河內出發的小旅行

如何前往

◎火車：從河內火車站出發，每天約有4~6班車，車程約2小時15分，單程票價約120,000越盾。

◎巴士：河內Bến xe Giáp Bát總站有許多巴士公司提供服務，班次頻繁，平均每15~20分鐘一個班次，車程約2~2.5小時，迷你小巴的行程時間較短。大部分往返河內和順化的Open Bus，也都會經過寧平站，單程票價約80,000越盾。

寧平有一大片遭水侵蝕的石灰岩地型，只是並不靠海，僅有一條曲折小河蜿蜒其中。該處擁有非常寧靜的鄉村景色，也較少受到戰爭的破壞，在這些美景中，以寧平市附近的三谷、華閭古都以及距離約2公里的碧洞寺最受歡迎。

順著碧洞寺往上爬，可以不同高度欣賞寧平奇石，而且中間有段黑洞，入口處備有

輕鬆跟團遊

河內許多旅行社都有推出三谷、華閭古都的套裝行程，也有長安加佛教園區Bai Dinh Pagoda的行程，費用各為30美元左右，行程包含飯店接送、車資、午餐、門票、導遊等。此外三谷、華閭古都行程還可選擇含一段騎自行車遊村落，享受寧平田間的恬靜風光。

油燈，令人發思古幽情。布政使杜兼善曾題下這樣的文字：「耽溪有碧洞，洞與我為鄰。華洞千重下，菩提萬劫春。陵含三谷水，近挹太微雲。喜我歸來日，黃花得故人。」

Highlights：在寧平，你可以去～

熱門的三谷行程，沿途常可與一團團旅客擦身而過，當船划到終點時又將原路回程。

四周盡是層巒相疊的碧綠景致。

行前須知

搭乘遊船時需注意防曬，坐在船上的時間很長，且一路上沒有遮蔽物，記得帶傘及防曬用品。此外出發前先講好小費價錢是比較保險的，遊船結束後，船夫會開始跟遊客要小費，一船約為1美元，不過船夫常常會往上加價，而發生跟遊客討價還價的情形。

大自然的鬼斧神工：喀斯特地形

喀斯特地形又稱為石灰岩地形，通常出現在降水PH值較低的溫帶氣候地區，形成的原理是偏酸性的水遇到石灰岩層會產生溶蝕作用，岩層中的碳酸鹽會溶於水中，經過長時間的作用就會形成溶洞、地下河等奇特的地形，而這些地表下的變化也會影響到地表上的地形面貌，像是溶洞會造成上面的岩層塌陷，所以喀斯特地形的地表通常都十分崎嶇。

1 三谷
Tam Cốc

三谷見名思義，由三座洞穴組成，最大的那座長達125公尺，遊客可搭乘小船沿著Sông Ngô Đồng河遊覽其中。一路上有厲害的船夫用雙腳或雙手輪流划船，小船沿清澈的河流穿梭在群峰之間，悠靜河中只有船夫划槳的聲音，這裡彷彿遺世獨立的村落，令人頗有置身世外桃源之感。

當船經過一座座山洞時，美麗的鐘乳石將在洞裡乍現，偌大的洞穴內沒有燈光，只有遠處洞口日光微弱地照射進來，若是在酷熱的夏季來訪，行經洞窟將是非常享受的事，陰暗涼爽的洞窟可暫時一掃暑氣。

 P.67 Ninh Hải, Hoa Lư 7:00~15:00 成人120,000越盾、優惠票60,000越盾，三歲以下免費。遊船每船150,000越盾，外國人每船僅能乘坐兩人。

航程中有時可見漁夫捕魚，有時又突現在地人居住的屋宇。

② 華閭古都
Cố đô Hoa Lư

華閭古都自丁朝歷經前黎朝，一直到1010年李朝遷都河內的昇龍皇城，一直是各朝代的首都。此地四周有山區圍繞，具有防禦功能，景區內部有丁先皇祠(Đinh Tiên Hoàng)及黎大行祠(Lê Đại Hành)，祠內祭拜的就是兩位皇帝及其他皇族。

丁先皇創建了丁朝(968~980年)，國號大瞿越，不過他只在位了11年就被殺害，王朝也跟著畫下句點。

距丁先皇祠不遠處即可來到黎大行祠，黎大行原名黎桓，他創立了前黎朝(980~1009年)，祠堂的形式與丁先皇祠雷同，不過特別的是祠內供奉了黎大行、兒子黎龍鋌以及他的皇后楊雲娥。

🌏P.67 🏠Trường Yên, Hoa Lư District 📞(0229)362 1890 🕐7:00~17:00 💲成人20,000越盾、優惠票10,000越盾

丁先祠內樹立的五色旗：紅、藍、黃、白及綠，分別代表了火、水、金、土、木。

楊雲娥本為丁先皇的皇后，丁先皇死後又嫁給黎桓，黎大行祠中她的坐像卻朝著丁先皇祠的方向，代表她仍思念著第一任丈夫。

祠內牌匾、對聯等，都是用中文字撰寫，寓意優美，而從建築格式中，也可看得當時受到中國文化影響極深。

祠內精美的木雕、彩繪及石雕等，看得出歷經歲月洗禮。

當天來回時在太趕，
不如乾脆留宿一晚

推薦1
距離河內
位於河內東方
距離約170公里
搭乘巴士路程
約3.5小時

下龍灣樣貌獨特，其間地貌尤其天穿間人時船，令人時空錯亂產生，更會其間就像般穿梭船艦。當堂更時空錯亂產生的感覺。

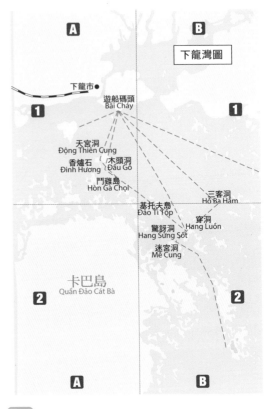

下龍灣圖

下龍市●

遊船碼頭
Bãi Cháy

天宮洞
Động Thiên Cung

香爐石　木頭洞
Đỉnh Hương　Đầu Gỗ

鬥雞島
Hòn Gà Chọi

基托夫島
Đảo Ti Tốp

三客洞
Hồ Ba Hầm

穿洞
Hang Luồn

驚訝洞
Hang Sửng Sốt

迷宮洞
Mê Cung

卡巴島
Quần Đảo Cát Bà

● MAP P.66　下龍灣
Vịnh Hạ Long

如何前往

需先搭乘巴士至Bãi Cháy站，在河內的Bến Xe Gia Lâm和Bến Xe Mỹ Đình巴士總站有許多公司經營此路線，車程約3小時，班次頻繁，不過Bãi Cháy巴士站距離市區約有6公里之遠，若在市區過夜，下車後要再搭車進市區，費用約30,000越盾。此外，河內的飯店和旅行社都有販售前往下龍灣的共乘小巴票券，可至飯店接駁，直接抵達下龍灣市區，省去轉車的麻煩。

抵達Bãi Cháy巴士站後，搭乘遊船需再自行搭車前往秦州島遊覽船碼頭Cảng tàu khách Quốc tế TuầnChâu購票，遊船費用依所選行程而定，許多船公司提供巴士總站到碼頭的免費接駁服務，可至官網查詢及詢問。由於交通上會花費相當多時間，若沒有太多時間建議還是購買旅行社的套裝行程。

頂著世界遺產的光環，下龍灣每年吸引數以萬計的遊客前來一親芳澤。下龍灣面積廣達1,553平方公里，包含約3,000個石灰岩島嶼。這些石灰岩地形是由中國東南的板塊延伸而出，經過億萬年溶蝕、堆積，加上海水入侵，形成壯麗非凡的景觀，也就是所謂的喀斯特地形。

如何選擇行程？
下龍灣的套裝行程行多樣，依船隻的特級價位相差也很多。從河內出發的一日行程，每人約25~35美金；兩天一夜的行程從55~500美元不等，還有三天兩夜的行程。因為船的種類和等級實在是太多，如果是過夜的行程，為了保險起見，還是選擇五星級或口碑和服務較好的船。

拜子龍灣也在世界遺產的保護範圍內，同時受保護的還有卡巴島(Quần Đảo Cát Bà)和島上的國家公園。這兩處地方因為觀光發展較晚，保留較多原始景緻，但也因為距離較遠，停留天數要較長才能前往。

同場加映：河內出發的小旅行

若想親身體驗大自然的神奇，當然要搭船去親近深幽的洞穴和高聳的奇石怪岩。

這裡的許多島嶼都是中空，內有溶洞，溶洞裡的石鐘乳、石筍、石柱，構織出一幅幅怪誕奇異的畫面。

○ 市區交通
從Bāi Cháy公車站前往下龍灣碼頭搭計程車約150,000越盾。

有此一說～

神龍下凡的傳說

根據傳說下龍灣是天上神龍下凡，協助越南人民對抗外敵，吐出龍珠攻擊敵軍，最後敵軍被擊退，掉落海上的龍珠，變為目前看到星羅棋布的石灰岩島，神龍功成後潛藏於海底。又有一說：有隻母龍以其長身，護住下龍灣，使人民不受巨浪侵擾，而母龍帶著小龍，因此下龍灣東北側的海域便名為拜子龍灣 (Vinh Bái Tử Long)。不論哪個傳說，都代表了下龍灣在當地居民心目中神聖的地位。

同場加映：河內出發的小旅行

Highlights：在下龍灣，你可以去～

1 搭乘仿古船暢遊下龍灣
Visit Vinh Ha Long by Junk

遊覽下龍灣，最好不要來去匆匆，否則無法真正體驗下龍灣寧靜的美。若參加從河內出發的一日團，大約中午才能抵達下龍灣的Bāi Cháy遊船碼頭，真正遊覽的時間只有半天。再加上下龍灣的午後，通常是霧氣瀰漫，宛如中國潑墨山水畫。最好是等下了一場午後雷陣雨，這時的下龍灣有種清麗脫俗的美；清晨的下龍灣，則是最容易捕捉藍天白雲的時刻。為了能多角度地貼近下龍灣，建議你最好參加2～3天的下龍灣遊船行程，在下龍灣的水上過一夜，細細欣賞她的美麗。

P.70 兩天一夜行程4～5星級遊船，每人費用約在150~500美金之間，但依船型、新舊、房態和淡旺季有很大的差別。另外也有三天兩夜及跨年行程等多樣選擇。
◎Paradise Vietnam：www.paradisevietnam.com
◎Bhaya Cruises：bhayacruises.com

遊覽下龍灣，在欣賞溶洞等世界級美景之餘，也可以租用獨木舟在附近海域小小探險一番。這樣的旅行，保證將讓你回味不已！

航程中不時會遇到駕著小船來販售食物的水上攤販。

如果不習慣住在船上，Bāi Cháy碼頭附近有許多飯店可以選擇。

DO YOU KNOW

別被仿古船的外表騙了！

下龍灣遊船有兩種，最常見的是仿中式平底帆船 (Junk)，另一種則是現代化的遊船 (Cruise)。木造的仿中式平底帆船揚著紅、黃色的大帆，點綴在碧波山影間，煞是好看。不過，現在這種仿中式平底帆船也都是以動力引擎前進，不是利用風力，所以行進間的船都不揚帆，只有下錨定點時，才會張起大帆。別被仿中式平底帆船的仿古外觀所誤導，船上的設備很現代化，十分舒適，而且精心提供的海鮮大餐，也會讓人大呼過癮。

扭轉越南命運的一戰

木頭洞的名稱來自民族英雄陳興道 (Trần Hưng Đạo) 打敗蒙古大軍入侵的歷史事件。1288年，陳興道為了阻擋蒙古大軍的攻擊，趁著漲潮之際，於下龍灣附近的白藤江埋下木樁陷阱，到了快退潮時引蒙古軍入陷阱，急退的潮汐使木樁外露，將蒙古大軍的戰船全數破壞，獲得大勝。後人在這裡發現了一些殘留木樁，木頭洞因此得名。入口處還留有1917年啟定皇來此遊覽後，所留下稱頌美景的石碑文。

天宮洞
Động
Thiên Cung

島上另一個景點木頭洞 (Hang Đầu Gỗ) 是下龍灣規模最大的一個溶洞，其景色也是十分壯麗。

天宮洞是最著名的鐘乳石洞之一。在這個巨大的鐘乳石洞裡，彷彿可以看到威武的獅子、跳舞的大象、盤踞的大蟒……。當地人將這景象，發揮一下想像力，成為一則有趣的傳說：天宮洞是仙女和龍宮太子結婚的場地，洞中央有4支大柱子，便是「天宮之柱」，來自四面八方的仙人貴客和動物們，齊聚一堂歡慶這件喜事，天宮洞也因此得名。走到最深處，可看到3漥小池塘，根據傳說，婚後仙女生了100個小孩，這裡便是她為小孩洗澡之處。

搞懂複雜的票券！

自由行才需要購買船票和門票，如果參加套裝行程都會包含在內。船票分為4小時100,000越盾和6小時150,000越盾兩種，行駛的路線稍有不同，除了欣賞奇岩怪石、參觀水上人家，4小時會遊覽天宮洞，6小時則前往距離較遠的驚訝洞。遊船費用以外，需另付下龍灣景區入場券290,000越盾（包含1座洞窟的入場費）。

島內湖靠著海蝕洞和大海連通，形成海上湖泊的奇景。

穿洞
Hang Luồn

穿洞距離下龍灣的**Bãi Cháy**遊船碼頭約14公里，大型遊船無法進入，必須換上舢板，更棒的方法是划獨木舟進去。慢慢進入低矮的山洞後，原以為會進入幽暗的洞穴，但眼前忽然豁然開朗，原來是一個由峭壁包圍的島內湖。四周的山壁十分陡峭，長滿垂榕和蘭花，偶而可見猴子在樹上的身影，無波如鏡的湖面，映著藍天白雲，真是一幅世外桃源景色。

如果不想和其他人共乘小船，就選限定兩人一艘的獨木舟。

最具代表性的鬥雞島(Hòn Gà Chọi)。

奇岩
怪石

由於下龍灣的石灰岩經過百萬年的風化、侵蝕、海水入侵，形成千奇百怪的島嶼形狀，沿著最熱門的旅遊路線，可以欣賞到浮在水面的香爐、宛如人頭的大石、端坐海面的青蛙等景觀。這些小島不可登岸只可遠觀，但就在船的忽遠忽近中，更能欣賞大自然鬼斧神工的奧妙。

從下船處得登上50級階梯才到入口。

驚訝洞的出口處有個俯瞰碼頭美景的絕佳位置。

同場加映：河內出發的小旅行

驚訝洞
Hang Sửng Sốt

驚訝洞是下龍灣最漂亮的石灰岩洞之一，由法國人在19世紀初發現，因為被洞裡的美景所震懾，就替它取了驚訝洞(Grotte de Surprise)這個十分直接的名字。這是個規模十分龐大的石灰岩洞，約有10,000平方公尺，可大致分為前後兩大石室，洞頂上自然形成的小圓穴，宛如現代歌劇院裡為了音效而設計的天花板。而洞內形形色色的鐘乳石、石筍、鐘乳石柱，數量大得驚人，展現了大自然堅定的力量。

洞頂的波浪紋說明了這塊陸地原本是在海面之下的。

鐘乳石是怎麼形成的？

鐘乳石通常出現在溶蝕作用發生的洞穴中，石灰岩中的碳酸氫鈣溶於水中形成溶液，溶液接觸空氣後產生碳酸鈣沉澱在岩石的邊緣，如此不斷重複這個過程，就形成了鐘乳石。只要持續接觸水分和空氣鐘乳石就會繼續增長，一般鐘乳石平均每年可以增長0.13毫米，而碳酸鈣含量高的則可以達到3毫米。

此外從鐘乳石柱滴下的溶液在地面也會產生碳酸鈣沉澱，不斷往上堆積，同樣會形成鐘乳石柱，如果時間夠長，上、下的石柱是有可能融合為一體的，這樣的石柱通常都很巨大。

後室裡有根巨大的鐘乳石柱，石柱上有個狀如男性生殖器的石筍，實在是很神似卻又顯得很突兀。

基托夫島
及海灘
Đảo Ti Tốp

基托夫島上有處潔白的沙灘，因為是下龍灣裡少數的沙灘之一，因而相當受到歡迎。基托夫這個名稱的由來，是因為1962年胡志明總統帶著來訪的蘇聯太空人基托夫(Titov) 到此遊覽，胡志明便將這無名島命名為「基托夫」(Ti Top)。除了可在海灘遊玩，還可爬上島上高高的山丘，那裡是俯瞰下龍灣景色的最佳地點。基托夫島附近正好是保護區所規定的遊船下錨處，如果遇氣好遇上好天氣，下龍灣的青山碧水間，點綴揚著紅、黃大帆的仿古遊船，顯得格外迷人。

船隻會停泊在遠處等待遊客。

🎵 **擁有許多個「世界第一」的太空人**
基托夫(Gherman Titov)是蘇聯太空人，他在1961年8月6日成為第二個繞行地球軌道飛行的人，他也是歷史上第四個登上太空的人類，從蘇聯空軍退休後他成為了一個政治家。不過他還保持了更多有趣的紀錄：第一個在太空中待超過一天的人、第一個在太空中嘔吐的人、第一個從太空中拍攝地球的人、登上太空最年輕的人(26歲)。這次的飛行經驗也有個重要的貢獻就是證明了人類可以在太空中生活和工作。

航向胡志明市的偉大航道

如何前往

飛機

　　胡志明市的新山一國際機場 (Sân Bay Quốc Tế Tân Sơn Nhất／Tan Son Nhat International Airport)，位於市區西北方約7公里處，它是全越南最大的國際機場，與全世界主要城市間有著班機往來。該機場於2007年擴建後，新建築當做國際機場使用，舊建築則提供國內線服務。

火車

　　胡志明市的西貢火車站(Ga Sài Gòn)位於市中心西北方約3公里處，是越南南部的火車起點站，每天都有往來於芽莊、順化以及河內等城市之間的班車，車程分別約為7、18、30小時。從火車站搭乘前往市區約10分鐘車程，車站外可搭乘計程車、計程摩托車和人力車等交通工具。

◎西貢火車站

📍1 Nguyễn Thông　🕐售票窗口7:30~22:00

巴士

　　胡志明市共有3座巴士站，分別連接越南境內的各大城小鎮。其中往來於胡志明市和西寧、古芝等近郊區之間的巴士，主要停靠於Bến Xe An Sương巴士總站；往來於永隆、芹苴等湄公河三角洲城鎮的巴士，主要停靠於Bến Xe Miền Tây巴士總站；至於前往芽莊、大勒、順化等胡志明市以北城市的巴士，則以Bến Xe Miền Đông巴士總站為停靠站。

機場至市區交通

計程車

搭乘計程車往來於機場和市區之間，是最方便的交通方式，入境大廳出口向左走就有排班計程車招呼站，車程約20~30分鐘，費用大約在200,000~250,000越盾左右。

除了機場的排班計程車，建議也利用Grab叫車，價格透明、不怕司機繞路，離峰時間大多比跳表計程車便宜，但尖峰時段可能比較貴。

巴士

新山一國際機場有巴士往返市區之間，位於入境大廳出口的右手邊，指標清楚。建議事先購買SIM卡並下載Bus Map APP，方便確認市區的所有巴士路線和時刻表。搭乘109號快捷巴士前往市區約45分鐘，車上有行李放置區和WIFI，上車前告知服務人員飯店名稱，由服務人員售票；152號是市區公車，車程約1小時，上車後現金購票，路線和109號巴士多有重疊。

◎Bus Map

🌐map.busmap.vn

◎109號巴士

⏱24小時運行，每20分鐘一班次 💲12,000越盾

◎152號巴士

⏱5:15~18:45，平均15分鐘一班次 💲5,000越盾

市區交通

計程車

每家費率略有不同，10分鐘以內的路程大約80,000左右。搭乘計程車最好找名聲較好的計程車，或是請飯店、餐廳或購物中心幫忙叫車。

◎Mai Linh：(28)3838-3838

◎Vinasun：(28)3827-2727

人力車

人力車又名「識路」(Xích Lô)，因為一般人力車夫會一邊講解這個城市的概況。其中有些是越戰退休老兵，會些許英文，不過口音不是很容易懂。近年來因為人力車影響當地交通，有些街道已禁止通行，再加上人力車必須議價且糾紛不少，搭乘前務必要確認價格，若為兩人搭乘要記得問清楚最後談定的價格是一人還是兩人合計。

DO YOU KNOW

解決塞車問題的希望地鐵

為了迎接更多觀光客的到來，胡志明市當局在2001年提出都市鐵路的興建計畫，包括8條都市鐵路線、1條有軌電車線路和2條單軌鐵路，以濱城市場作為轉運中心。主要為預防日益蓬勃的都市發展，造成如曼谷等其他亞洲城市一般嚴重的交通堵塞，也預期串連胡志明市周遭省份的交通網絡，帶動更廣泛的觀光生活圈。自計畫提出以來雖面臨諸多技術與融資困難，目前多條鐵路線已陸續動工，原本預計於2020年10月進行試營運，並於2021年初正式通行1號線。不過受到疫情關係延宕，目前預計延期至2024年才通車。

胡志明市行前教育懶人包

INFO

基本資訊

人口：932萬人

面積：2,061平方公里　區碼：28

城市概略

　　胡志明市古名為「真臘」，又稱為「柴棍」。自從19世紀中葉阮氏王朝覆亡後，法國殖民政府定都西貢，百年的法國統治在此留下深刻的歐式風情。接著，這裡又成為美國扶植的越南共和國首都，美軍帶來的豐富夜生活以及資本主義下的活潑經濟，又為西貢增加一抹資本主義色彩。1975年北越共軍解放南越後「西貢」被更名為「胡志明市」。

　　整個胡志明市被分為19郡5縣，市中心為第1郡，政府的重要行政機關皆在此：街道寬廣、市容整齊，是昔日西貢的心臟。而位於市中心西邊的第5郡則是所謂的華埠(Chợ Lớn)，曾是越南華人的大本營，但1978~1979 的排華事件，使今日的華埠不再是華人當家了。

行程建議

　　歷經法國百年的統治以及美軍勢力的扶植，使得這座城市散發著活潑的氣息，若不是統一宮和胡志明市人民委員會等建築，幾乎讓人忘了這是座共產政權統治下的城市。不管是懷舊風十足的殖民地建築、越蓋越高的商業大樓與購物中心、洋溢著異國風情的咖啡館、甚至令人看得眼花撩亂的雜貨、服飾店，都透露出這個城市的特質。

　　胡志明市的景點還算集中，大致集中於統一宮到西貢河畔，在這一段不算遠的距離裡，可以將西貢變身為胡志明市一路以來的歷史演進盡收眼底，法國殖民時期興建的建築，從昔日的總督府成為今日的人民委員會，前身的諾羅敦宮如今成為統一的表徵……這番新舊輪替的景象，也在建築的發展上呈現。

　　此外，在胡志明市旅遊要特別小心，尤其是觀

光客聚集的地方例如濱城市場，或甚至是馬路上，要提防隨身的貴重物品被偷或被摩托車騎士搶走。

旅行社

　　胡志明市有許多旅行社，最好選擇有口碑的旅行社，相對有保障一些，對於這些受遊客歡迎的旅行社，當地有許多仿冒的店名，要特別注意。Saigon Tourist是官方的旅行社，提供旅遊資訊索取，可以訂購行程也接受旅客問題諮詢。此外，許多行程皆可透過Klook、KKday等旅遊平台預定，有中文介面及服務人員，行程提供英文導覽，可節省不少比價及交通上的麻煩。

◎Saigon Tourist
⌂45 Lê Thánh Tôn　☎(0)91-1273003
🕐8:00~19:00　🌐www.saigontouristvietnam.com
◎The Sinh Tourist總店
⌂246-248 De Tham St.,Dist1　☎(28)3838-9597
🌐thesinhtourist.vn

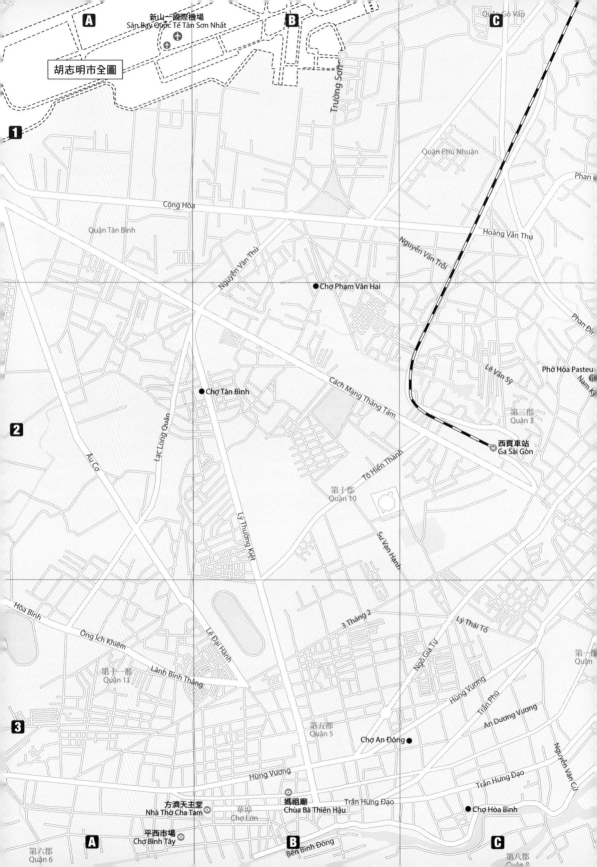

A **B** **C**

新山一國際機場
Sân Bay Quốc Tế Tân Sơn Nhất

Quận Gò Vấp

胡志明市全圖

1

Trường Sơn

Quận Phú Nhuận

Phan

Cộng Hòa

Hoàng Văn Thụ

Quận Tân Bình

Nguyễn Văn Thủ

Nguyễn Văn Trỗi

Phan

● Chợ Phạm Văn Hai

Phan Đi

Lê Văn Sỹ

Phở Hòa Pasteu

Nam Kỳ

Cách Mạng Tháng Tám

第三郡
Quận 3

2

Âu Cơ

Lạc Long Quân

● Chợ Tân Bình

西貢車站
Ga Sài Gòn

Lý Thường Kiệt

Tô Hiến Thành

第十郡
Quận 10

Sư Vạn Hạnh

Hòa Bình

3 Tháng 2

Lý Thái Tổ

第一
Quận

Ông Ích Khiêm

Ngô Gia Tự

Lê Đại Hành

Lãnh Bình Thăng

第十一郡
Quận 11

Hùng Vương

Trần Phú

An Dương Vương

Nguyễn Văn Cừ

3

第五郡
Quận 5

Chợ An Đông ●

Hùng Vương

Trần Hưng Đạo

方濟天主堂
Nhà Thờ Cha Tam

華埠
Chợ Lớn

媽祖廟
Chùa Bà Thiên Hậu

Trần Hưng Đạo

● Chợ Hòa Bình

第六郡
Quận 6

A

平西市場
Chợ Bình Tây

B

Bến Bình Đông

C

第八郡
Quận 8

D **E** **F**

Nơ Trang Long

Miền Đông巴士總站
Bến Xe Miền Đông

Xô Viết Nghệ Tịnh

Xô Viết Nghệ Tịnh

Kinh Thành Đo

1

Bạch Đằng

● Chợ Bà Chiểu

Quận Bình Thạnh

西貢橋Cầu Sài Gòn

Đinh Tiên Hoàng

Rạch Thị Nghè

Xô Viết Nghệ Tịnh

西貢河
Sông Sài Gòn

2

粉紅教堂
Nhà thờ Tân Định

越南歷史博物館
Bảo Tàng Lịch Sử Việt Nam

Võ Thị Sáu

動植物園
Thảo Cầm Viên

Hai Bà Trưng

Điện Biên Phủ

Nguyễn Thị Minh Khai

Lê Duẩn

Tôn Đức Thắng

戰爭證跡博物館
Bảo Tàng Chứng Tích Chiến Tranh

郵政總局
Bưu Điện Trung Tâm Thành Phố Hồ Chí Minh

第二郡
Quận 2

紅教堂
Nhà Thờ Đức Bà
Propaganda Saigon

統一宮
Dinh Thống Nhất

胡志明市人民委員會
UBND Thành Phố Hồ Chí Minh

胡志明市博物館
Bảo Tàng Thành phố Hồ Chí Minh

市民劇院Nhà Hát Lớn Thành Phố Hồ Chí Minh
Saigon Tourist

Nguyễn Huệ

The Workshop Cafe

濱城市場
Chợ Bến Thành

市立美術館
Bảo Tàng Mỹ Thuật

咖啡公寓
The Cafe Apartment

Trần Hưng Đạo

Bến Chương Dương

胡志明博物館
Bảo Tàng Hồ Chí Minh

Rạch Thị Nghè

第四郡
Quận 4

Nguyễn Tất Thành

3

Tôn Thất Thuyết

第七郡
Quận

D **E** **F**

以西貢形象深植人心的摩登大都會

胡志明市
Ho Chi Minh City

至今人們仍習慣稱之為「西貢」的胡志明市，是掌握越南經濟動脈的南方大城，由於接近富庶的湄公河三角洲，胡志明市從法國殖民時期開始就是越南的工業與商業心臟，市民所得比越南其它地區還要高上許多。從大道旁具法式風格的紅磚瓦殖民建築，和仍舊瀰漫著濃厚中國風情的華埠可以窺見她的過去，從國際級的旅館和商業辦公大樓，卻又隱約看見她的未來。在這裡你無法嗅出共產的味道，反而新興的商業活動配上早已越南化的滄桑法國風，使得這座城市顯得活力十足，因為它已把過去的歷史全都融入日常生活裡。

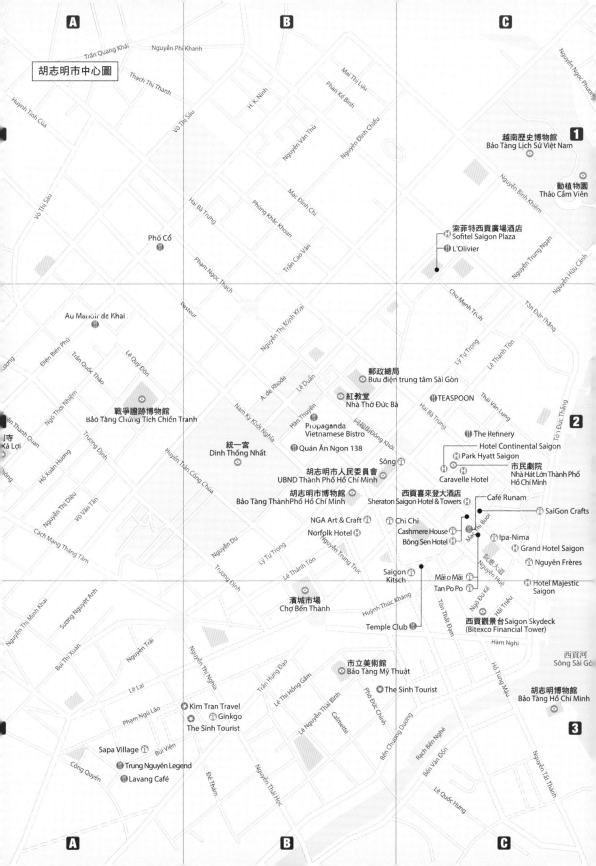

胡志明市中心圖

A　**B**　**C**

Trần Quang Khải
Nguyễn Phi Khanh
Thạch Thị Thanh
Huỳnh Tịnh Của
Mai Thị Lựu
Phan Kế Bính
Nguyễn Ngọc Phương

1
越南歷史博物館
Bảo Tàng Lịch Sử Việt Nam

H. K. Ninh
Võ Thị Sáu
Nguyễn Văn Thủ
Nguyễn Đình Chiểu
Nguyễn Bỉnh Khiêm

動植物園
Thảo Cầm Viên

Võ Thị Sáu
Hai Bà Trưng
Phùng Khắc Khoan
Mạc Đình Chi
Trần Cao Vân
Phạm Ngọc Thạch

索菲特西貢廣場酒店
Sofitel Saigon Plaza
L'Olivier

Phó Cổ

Nguyễn Trung Ngạn
Nguyễn Hữu Cảnh

Au Manoir de Khai
Pasteur
Nguyễn Văn Trại
Chu Mạnh Trinh

Điện Biên Phủ
Trần Quốc Thảo
Lê Quý Đôn
Lý Tự Trọng
Lê Thánh Tôn
Tôn Đức Thắng

郵政總局
Bưu điện trung tâm Sài Gòn

紅教堂
Nhà Thờ Đức Bà
TEASPOON
Thái Văn Lung

2

Ngô Thời Nhiệm
戰爭證跡博物館
Bảo Tàng Chứng Tích Chiến Tranh
Trương Định
Nam Kỳ Khởi Nghĩa
Hàn Thuyên
A. de Rhode
Lê Duẩn
Hai Bà Trưng
The Refinery
Hotel Continental Saigon

寺
Xá Lợi
Hồ Xuân Hương
統一宮
Dinh Thống Nhất
Propaganda
Vietnamese Bistro
Quán Ăn Ngon 138
Đồng Khởi
Park Hyatt Saigon
市民劇院
Nhà Hát Lớn Thành Phố Hồ Chí Minh

Nguyễn Thị Diệu
Võ Văn Tần
Huyền Trần Công Chúa
Sông
胡志明市人民委會
UBND Thành Phố Hồ Chí Minh
Caravelle Hotel

Cách Mạng Tháng Tám
Nguyễn Du
胡志明市博物館
Bảo Tàng Thành Phố Hồ Chí Minh
西貢喜來登大酒店
Sheraton Saigon Hotel & Towers
Café Runam

Lý Tự Trọng
Lê Thánh Tôn
Nguyễn Trung Trực
NGA Art & Craft
Chi Chi
Mạc Thị Bưởi
SaiGon Crafts

Trương Định
Norfolk Hotel
Cashmere House
Bông Sen Hotel
Ipa-Nima
Grand Hotel Saigon
Nguyễn Frères

Saigon Kitsch
Mãi o Mãi
Tan Po Po
Nguyễn Huệ
Ngô Đức Kế
Hải Triều
Hotel Majestic Saigon

Nguyễn Thị Minh Khai
Sương Nguyệt Anh
濱城市場
Chợ Bến Thành
Huỳnh Thúc Kháng
Tôn Thất Đạm
西貢觀景台 Saigon Skydeck
(Bitexco Financial Tower)

Temple Club
Hàm Nghi

Bùi Xuân
Nguyễn Trãi
Nguyễn Thị Nghĩa
市立美術館
Bảo Tàng Mỹ Thuật
Trần Hưng Đạo
Lê Thị Hồng Gấm
Phó Đức Chính
Calmette
Hồ Tùng Mậu
西貢河
Sông Sài Gò

The Sinh Tourist
胡志明博物館
Bảo Tàng Hồ Chí Minh

Lê Lai
Phạm Ngũ Lão
Kim Tran Travel
Ginkgo
The Sinh Tourist

3

Sapa Village
Bùi Viện
Trung Nguyên Legend
Công Quỳnh
Lavang Café
Đề Thám
Nguyễn Thái Học
Bến Chương Dương
Rạch Bến Nghé
Bến Vân Đồn
Lê Quốc Hưng
Nguyễn Tất Thành

A　**B**　**C**

見證了南北越統一，
賞遊胡志明市的中心點。

MAP
P.81
D2

統一宮
Dinh Thống Nhất (The Independence Palace)

　　統一宮的前身為興建於1868年的諾羅敦宮(Norodom Palace)，原是有拱廊陽台的法式建築，1954年法軍於奠邊府戰役失利後退出越南，諾羅敦宮被移交給越南共和國的總統吳廷琰，被更名為「獨立宮」。1975年4月30日犧牲了無數人民與5萬8千多名美軍性命的越戰結束，「獨立」也就被以「統一」之名給取代，目前整座統一宮仍維持當初的模樣。

　　在1樓左右兩側分別有宴會室與內閣會議室；2樓有總統指揮作戰所、總統私人辦公室以及由一對泰王所贈象牙隔開的總統接見內外賓室；3樓為阮文紹的私人圖書館以及夫人的宴會廳；4樓為舉行宴會的四方廳。

從紅教堂步行前往約7分鐘

ℹ️

📍135 Nam Kỳ Khởi Nghĩa
☎(28) 3822-3652
🕗8:00~16:30(售票至15:30)
💲全票40,000越盾、優待票
10,000越盾。包含常設展的
套票65,000越盾
🌐www.dinhdoclap.gov.vn

⌄

至少預留時間
參觀統一宮：1小時
參觀第一郡所有景點：1~2天

室外是直昇機停機坪。1945年4月8日，有1名軍人為想提早結束越戰，在此投下炸彈造成兩個大洞，今在地上以紅漆標示。

造訪統一宮理由

1 位在胡志明市核心地區，大部分景點都在附近。

2 融合多種風格，經典的殖民地式建築。

3 參觀南越的總統府和作戰指揮室。

怎麼玩
統一宮才聰明？

電動車遊園

@dinhbaolap

整個統一宮的園區佔地達12萬平方公尺，搭乘電動車可以在10分鐘內遊園一遍。

導覽 館內提供真人導覽以及語音導覽，可以向售票處詢問導覽的語言。

套票 統一宮內還有一個常設的展覽「From Norodom Palace to Independence Palace 1868-1966」，單獨購票也是40,000越盾，購買和統一宮的套票則是65,000越盾。

用40片漆木嵌成之大幅越南國畫為背景的呈遞國書室。

3樓還有可容納約50人的電影放映室及娛樂室。

DO YOU KNOW

讓統一宮改建的恐怖攻擊

1962年2月27日西貢軍隊的兩名叛軍飛行員對獨立宮投彈炸毀左半邊，這次攻擊的目標是南越總統吳廷琰，結果他逃過一劫。由於無法修復只好全部改建，聘請留學巴黎的建築師吳曰樹設計，根據中國風水把平面設計為「吉」字，代表幸運之意。正面中央呈「興」字狀，祈求國家興盛。然而，此宮尚未建完，吳廷琰便遭刺殺殺身亡，因此1966年10月31日主持落成典禮者是阮文紹。新的獨立宮擁有堅固的地下室，這裡也是越戰時的指揮作戰中心。

必看重點

胡志明市美麗的核心，
洋溢濃厚殖民地風情的第一郡。

✝ **紅教堂**
Nhà Thờ Đức Bà
(Notre Dame Cathedral)

由法國人建造的紅教堂原名為「西貢聖母主教座堂」，因其磚紅的外觀而得名。早在16世紀起，西班牙、葡萄牙和法國傳教士就已經陸續的將天主教傳入越南，至今全越南約有9百萬名的天主教徒，是亞洲地區繼菲律賓後第2大的天主教國家！

這座教堂興建於1877～1883年間，當時駐越南的法國海軍上將認為胡志明市的教堂太小，因此公開徵求新教堂的設計稿。教堂的建築風格為新羅馬式，正面兩座高達58公尺的方形尖塔是1895年加蓋的。教堂緊鄰同樣是歐式建築的郵政總局，形成胡志明市最獨特的異國風景。

📍P.83B2

🏠Công Xã Paris

🕐5:30～17:00（整修中暫時關閉）

教堂前面的廣場上則有一尊大理石聖母雕像，來自羅馬。

DO YOU KNOW

原裝進口就是不一樣！

和許多仿歐式建築、殖民地式建築比起來紅教堂就是能呈現出更道地的法式風情，原因其實很簡單，因為這座教堂不但是由法國人設計並建造，連材料都是從法國進口的。外牆的紅磚建材全部從法國馬賽進口，甚至可以從瓷磚上的 Guichard Carvin 字樣看出生產地區，而彩色鑲嵌玻璃則是來自夏特，夏特最有名的就是大教堂和彩色鑲嵌玻璃窗，由此可知這個地方的工藝水平。這樣一棟「真材實料」的建築難怪讓人感覺像是來到了歐洲一般。

外牆展出教堂今昔對比的照片，可以看出保存十分完整。

一進門兩旁有復古的電話亭，上面有越南的古地圖。

來郵政總局寄明信片是觀光客的重頭大戲。

綠色鑄鐵是郵政總局重要的配角，出現在建築各個角落。

郵政總局
Bưu điện trung tâm Sài Gòn

這間美麗的法式建築是由Alfred Foulhoux所設計，但是也有傳聞是艾菲爾鐵塔和自由女神像的設計師Gustave Eiffel所設計。建築外觀以殖民地風格常見的鵝黃色為主，輔以土黃色和綠色作點綴，拱型門窗、中央大廳的大鐘，加上均衡對稱的設計以及綠色的百頁窗，有著歐洲19世紀末的公共建築風格，綠色鑄鐵雕花裝飾裡，還隱藏著排水管線。

郵政總局興建於1886~1891年間，是全越南最大的郵政局，經重新整修後，幾乎看不出歲月的痕跡。

🔎P.83B2 🚩從紅教堂步行前往約1分鐘

📍Đồng Khởi起點

🕐週一至週六7:30~18:00；週日8:00~17:00

文青必訪的書街

為了提升越南人民的閱讀風氣，胡志明市政府於2016年打造了「書街」這個藝文特區，書街就位在郵政總局旁邊的Đường Nguyễn Văn Bình街，過了麥當勞轉進巷子就到了。整條書街都是行人步行區，有許多舊書攤、書店、咖啡廳和文創商店，路邊還有些街頭裝置藝術，搭配兩旁的綠樹，整條街充滿文藝氣息也給人舒適的感覺，讓人忍不住想在這待上一整個下午。這裡不時還會舉辦簽書會、講座等活動，吸引各地的藝文人士前來，才開幕短短幾年就成為胡志明市熱門的文青景點了。

市民劇院
Nhà hát Thành phố Hồ Chí Minh

市民劇院是胡志民市的地標之一，興建於1899年法國殖民時期，在當時稱為西貢歌劇院，劇院內部裝潢華麗，許多裝飾和家具都是由法國藝術家製作。越戰時期這裡曾經被南越的國會當作議場使用，直到統一後才恢復其藝文設施的身分。

劇院1樓的Q Bar則是胡志民市最新潮的酒吧之一，夜晚坐在劇院外飲酒吹涼風，不啻是個好享受！市民劇院斜面對的Lam Sơn廣場(Công Viên Lam Sơn)，曾是法國殖民時期的上流社會最常留連忘返的地方。

🔵P.83C2 🔵從紅教堂步行前往約8分鐘 🔵7 Công Viên Lam Sơn 📞(28)3823-7295 🔵平日不開放遊客參觀，表演時間請見官網 🌐www.hbso.org.vn

市民劇院平日不開放遊客參觀，不過每逢表演期間，劇院門口便會熱鬧十分。

一旁有優雅的Hotel Continental，讓這裡透露出濃厚的法式風情。

濱城市場
Chợ Bến Thành

這地方因為以前有西貢河流經，故稱「濱城」。市場的歷史可以回溯到17世紀，當時攤販沿著河岸聚集形成傳統市集，法國殖民時期官方為了整頓市容就規劃成了室內的市場。經過幾次整建現在的市場建於1914年，有東西南北門4個入口。

今日市場的外圍以販賣蔬菜海鮮為主，內部則為手工藝品、農產品、日用品、布料、咖啡等琳瑯滿目。越來越多聰明的遊客來這裡買紀念品，價格雖然比往昔漲價不少，卻仍然比街頭的店面來得便宜，不過切記在這裡買東西一定要議價！

🅰 P.83B3　🚶 從紅教堂步行前往約13分鐘　🚇 Lê Lợi
🕐 7:00~18:00，依店家而異

圓環的中心有座騎馬銅像，是越南的民族英雄陳元漢，旁邊的白色半身塑像，是1963年在此廣場反政府示威被射殺的女大學生郭式莊。

上面有時鐘的南門已成為胡志明市的地標之一。

胡志明市的交通樞紐
濱城市場同時也是胡志明市的巴士總站所在地，除了市區內的公車外，有些往來越南其他城市之間的長途巴士也在此設站點。而正在興建中的胡志明市地鐵也將在這裡設置大型的轉運站，工程預計在2024年完工，到時候來胡志明市觀光就能享受到更方便的交通體驗了！

胡志明市人民委員會
UBND Thành phố Hồ Chí Minh

這棟黃色建築也是胡志明市最具代表性的法式建築之一，興建於1901~1908年之間，原是法國殖民時期的總督府，後來成為胡志明市人民委員會的辦公大樓，內部有美麗的花園及華麗的裝潢，只可惜目前不對外開放。每天入夜後整棟建築會點起燈，比白天更加美麗，因此也有不少人是專程前來欣賞夜景的。

正前方一片修剪整齊的廣場，是年輕人入夜後約會的最愛，與它平行的Lê Lợi大道上，矗立許多重要機關以及許多購物中心，現代化的高樓大廈如雨後春筍般在此冒出。

🅰 P.83B2　🚶 從紅教堂步行前往約4分鐘　🚇 86 Lê Thánh Tôn　☎ (28)3829-6052　🌐 vpub.hochiminhcity.gov.vn

繁華的阮惠街步行廣場
阮惠街步行廣場從胡志明市人民委員會前的廣場開始，一路延伸到西貢河畔，附近有許多高級酒店、購物中心、餐廳和咖啡廳，很受觀光客和當地人歡迎。此外近年來十分火熱的咖啡公寓也在廣場上，而曾經是胡志明市最高建築的Bitexco Financial Tower也離廣場非常近。

原本的胡志明抱小女孩銅像這幾年改成了胡志明的個人銅像。

胡志明市∴統一宮

1樓是胡志明市的經濟、民生和地理、水文的展示。

為了躲避轟炸而挖崛如迷魂陣的古芝地道模型。

展出許多越戰時期留下的文物和影像。

胡志明市博物館
Bảo tàng Thành phố Hồ Chí Minh

　　與統一宮只有一街之隔的胡志明市博物館，展示了關於這個城市的自然風貌與歷史人文。除了展出的內容，這座建於法國殖民時期的建築本身就很迷人，希臘式柱頭雕琢得極為精細，大廳裡的螺旋梯讓人聯想起衣香鬢影的名流宴會，庭院裡還保留了當時的總統座車，以及頗具詩意的小鞦韆，難怪這裡成了結婚攝影最愛的取景地點。博物館的建築下，還暗藏了玄機，有地下密道與統一宮相通，當年吳廷琰和其兄弟被叛變後曾由地下地道逃到這裡藏匿，現在因為積水而封閉，不對外開放。

2樓的展示包括胡志明市的重要歷史事件，像是法國殖民時期的反抗愛國事件、佛教高僧釋廣德抗議吳廷琰政府而自焚的照片等。

📍P.83B2　🚶從紅教堂步行前往約8分鐘
🏠65 Lý Tự Trọng　☎(28)3829-9741　🕗8:00~17:00
💲30,000越盾　🌐hcmc-museum.edu.vn

門口的古董車也是博物館的收藏。

DO YOU KNOW

身世坎坷的博物館

這棟優美的白色新古典式建築本身，因為與動盪的越南歷史息息相關，而有著曲折的身世。最早法國人設計這棟建築是為了打造商業博物館，但完工後馬上被法國總督當作自己的官邸。二戰期間短暫被日軍佔領，二戰結束後先是被越盟佔領，然後回歸法國總督的管轄，接著越南獨立後在南越總統吳廷琰主政時改為「嘉隆府」，作為他的個人官邸，到了阮文紹時期又成了最高法院。南北越統一後，成立革命紀念博物館，1999年為了紀念胡志明才改為胡志明市博物館。

咖啡公寓
The Cafe Apartment

這棟9層樓高的老舊公寓有超過50年的歷史，原本被政府和軍方當作辦公室和宿舍使用，在2015年時改造成現在這個樣子，讓許多店家進駐，其中以咖啡廳為最大宗，整棟公寓有超過10間的咖啡廳，因此擦亮了咖啡公寓的招牌。除了咖啡廳外這裡也有餐廳、手工藝品店、書局、服飾店、下午茶店、美甲工作室等不同的店家，很容易找到打發時間的方式。

公寓的每層樓都有6戶，從外面看排列工整像是棋盤一樣。因為人氣高漲，精品咖啡% Arabica與新的店家也陸續進駐，選擇也更多元化。

🚇P.81D2　🚶紅教堂步行前往約12分鐘

搭電梯竟然要付錢？
咖啡公寓內有公共電梯，但是搭乘一次要3,000越盾，電梯前有專人收費，在咖啡公寓內的大部分咖啡廳或餐廳消費即可向店家退電梯費。如果只是想來參觀，建議先搭乘電梯至9樓，再利用樓梯一層一層逛下來。

5樓的Saigon Oi Coffee是最受歡迎的店家，藤椅、木桌和鐵窗等元素營造出迷人的復古風。

◎Saigon Oi Coffee
📍42 Nguyễn Huệ, Bến Nghé, Quận 1
🕐7:00~22:00

胡志明市：統一宮

西貢觀景台
Saigon Skydeck

觀景台內有免費的望遠鏡。

在這座觀景台中，可以欣賞到胡志明市360度的全景，以及西貢河淵遠流長的蜿蜒河道。

2011年6月對外開放的西貢觀景台，位於胡志明市的地標Bitexco Financial Tower中。這棟大樓曾經是全越南最高的建築，由紐約的Carlis Zapata建築事務所設計，以越南的象徵──蓮花花苞為靈感來源，高達262.5公尺，共有68層樓，觀景台就位於49樓。不過其越南最高建築的地位如今已經被2018年完工的Landmark 81取代，這棟新的地標有81層樓，高達460公尺。

儘管胡志明市的天際線不算太高，然而密密麻麻的建築群卻也令人咋舌！午後、黃昏前是登上觀景台的最佳時刻，可以同時觀賞白天與入夜後的兩種風情。

- P.83C3 ● 從紅教堂步行前往約15分鐘
- ⌂36 Đ. Hồ Tùng Mậu (Bitexco Financial Tower)
- ☏(28)3915-6156 ● 9:30~21:30 ⑤240,000越盾
- ⊛www.bitexcofinancialtower.com

戰爭證跡博物館
Bảo tàng Chứng tích Chiến tranh

中庭陳列了美軍於越戰期間所使用的裝備，包括戰車、飛機、重型機槍、炮彈等。

博物館原名為「中國與美國戰爭罪惡館」，但隨著越戰結束，美越外交關係恢復，為了不造成爭議而改為現在的名稱。內部展出越戰時遭美軍之汽油彈或化學武器所傷的越南民眾的照片，還有幾個保存在馬福林裡因受化學武器影響的畸型兒標本。這當然僅是越南當局單方面的控訴，只是戰爭的殘酷在此表露無遺。

此外，還有昔日南越軍隊用以囚禁越共的崑山監獄模型，有種名為「虎籠」的囚室，犯人除了雙腳被銬牢於床上外，旁邊還養虎以防脫逃，以及一具用來對付政治犯的法式斷頭台，採仰躺方式行刑，非常恐怖。

- P.83A2 ● 從紅教堂步行前往約20分鐘
- ⌂28 Võ Văn Tần ☏(28)3930-5587
- ●7:30~17:30 ⑤40,000越盾
- ⊛baotangchungtichchientranh.vn

DO YOU KnoW
讓文物自己說話的博物館

根據統計戰爭證跡博物館是越南最受歡迎的博物館之一，每年有超過50萬的遊客來訪，其中有大約2/3是外國遊客。博物館最吸引人的地方就是他們的理念，館方提倡讓文物和影像的「自我表現」來傳達歷史的真相，而不是和其他博物館一樣將歷史真相當成背景來說故事。因此有些遊客參觀過後情緒會受到影響，因為博物館展示出了戰爭中人性最黑暗的一面。

胡志明市立美術館
Bảo tàng Mỹ thuật Thành phố Hồ Chí Minh

胡志明市立美術館坐落於一棟3層樓的法式建築裡，這棟建築原本是個華裔富商的宅邸，已有上百年歷史的奶油色建築，至今風韻猶存，甚至還保有原來的網球場。直到1992年這裡才作為美術館對外開放，館內收藏了越南國內知名藝術家的繪畫和藝術作品，包括共產主義時期富有宣傳意味的海報和畫作、越南早期文化如占婆和渥洮文化時期的遺跡、少數民族的工藝品、越南傳統的漆畫和鑲貝家具等等。此外美術館也會定期舉辦特展或是各國藝術家的個人展。

📍P.83B3　🚶從紅教堂步行前往約25分鐘

🏠97A Phó Đức Chính　☎(28)3821-6331

💰全票30,000越盾，優待票15,000越盾

越南藝術的驕傲：漆畫

漆畫本來只是漆器的裝飾，在中國和日本發展為一種成熟的藝術形式，並通過貿易傳到西方。漆畫的製作方式是先描出輪廓，然後一層一層塗上不同的色漆，最困難的部分是每一層都需要乾燥和拋光，而隨著技術的進步漆畫的難度也越來越高，像是中國明朝時就有工藝達到 100 多層的漆畫。

1930 年代越南藝術家受到法國藝術的影響，將西方的透視畫法融入漆畫，將漆畫的發展帶到了新的境界。今日胡志明市立美術館的鎮館之寶、出自大師阮嘉智的《North-Centre-South Spring Garden》即是越南漆畫的集大成者。

1樓展出的是現代藝術的作品。

百年前的豪宅許多細節都保存完整，像是經典的古董電梯。

2樓展出的是繪畫和雕像，包括許多反映越南近代史的作品。

館內典雅的瓷磚也是一大看點，不同的展間還有不同的花樣。

3樓展出的是越南的歷史文物，包括占婆文化和史前文化。

店員熱心的提供未加工的喀什米爾羊毛，讓客人分辨。

 Cashmere House

DO YOU KNOW

喀什米爾羊毛到底貴在哪？

一般的羊毛取自綿羊，纖維較粗，沒有顯著的禦寒功能。喀什米爾羊毛則是取自山羊，居住在高海拔地區的山羊身上也有一層粗毛，但是在粗毛和皮膚之間多了一層柔軟、細膩又保暖的絨毛，這就是山羊禦寒的秘密武器也是喀什米爾羊毛的原料。這種山羊數量本來就少，加上絨毛一年只會長一次，也難怪價格居高不下。

分辨真偽可以從觸感和色澤下手，喀什米爾羊毛比一般羊毛更透光，更有光澤，摸起來更柔軟、有彈性，重量也更輕，其實很容易感受到兩者間的差異。

胡志明市：統一宮

這間由家族經營的Cashmere House，設立於1981年，專售喀什米爾羊毛商品。家族從原產地運來頂級喀什米爾羊毛後，在越南製作成完成品。這種商品價格落差非常大，老闆說一條只要10美金的那種絕對不可能是真品，真正的喀什米爾羊毛觸感輕柔絲滑，只要摸過就知道差別。除了圍巾，Cashmere House也售有手工縫製地毯、手工刺繡的包包等，商品精緻，價格從25~900美金都有。

📍P.83C2　🚶從紅教堂步行前往約10分鐘
🏠99 Đồng Khởi　📞0838-956-147　🕐9:00~22:00

 Saigon Kitsch

以共產黨的文宣為素材創作出讓人耳目一新的紀念品。

「創新」與「顛覆」被成功地運用在Saigon Kitsch的雜貨上，例如以古王朝的帝王相設計出杯子和餐墊，染上粉紅、黃、橘或藍色的貝殼項鍊與耳環也十分出色，另外還有彩色竹籃、袋子、扇子、以花為背景的珠寶盒，和可愛又性感的度假泳裝，還

有色彩繽紛的鳥籠，更是令人看了忍不住想扛回家！獨一無二的商品，以大膽的色彩展現出西貢50年代的風情，帶點年輕又嬉皮的個性，非常吸睛，不過相較於其他傳統風格的雜貨鋪，Saigon Kitsch的定價也比較高些。

📍P.83C2　🚶從紅教堂步行前往約15分鐘
🏠43 Tôn Thất Thiệp　📞(28)3821-8019　🕐8:00~21:00

Ginkgo

這間由法國人創立的服飾店，源起於創始人來越南旅遊時，想要買幾件具有代表性的紀念T恤回去，卻找不到喜歡的款式，於是開始了他想自己設計開店的想法。如今Ginkgo在全越南已經開設多家分店。此外，Ginkgo店內及網站上都有免費的越南城市地圖，供民眾免費索取及下載。

Ginkgo以獨特設計、使用高品質材質，並且注重環境保護及公平貿易，非常受到觀光客喜愛。

📍 P.83B3　🚶 從紅教堂步行前往約15分鐘
🏠 10 Đ. Lê Lợi, street, Quận 1　☎ (28)3521-8755
🕐 9:00~22:00　💻 ginkgotshirts.com

店內服飾以T恤款式最多，價格約在400,000~1,500,000越盾，也有帽子、夾腳拖及抱枕等，款式設計趣味，令人莞爾。

越南歷史博物館
Bảo Tàng Lịch Sử Việt Nam

　這座外觀有點像寺廟的建築，是由法國人於1929年興建的博物館，1979年才改為越南歷史博物館。館內收藏頗為豐富，而且展示依歷史年代的順序陳列，可讓遊客對越南歷史有系統性的認識，尤其是質量皆豐的占婆藝術最為精彩。

　這裡的展示不但排列有序，而且有英文解說，是十分值得參觀的博物館。而且博物館裡還有個小型的水上木偶表演場地，有時會有演出，確切時間和票價需詢問售票處。至於位於博物館外的就是胡志明植物園和動物園，在這片茂密的樹林裡，隱身著溫室、咖啡館、遊樂場和水族館等設施，是胡志明市市民的假日休閒場所。

🔺P.83C1　🚶從紅教堂步行前往約20分鐘

📍2 Nguyễn Bình Khiêm　☎(28)3825-8783

🕐8:00~11:30、13:00~17:00　休週一

💲30,000越盾

🌐www.baotanglichsutphcm.com.vn

◎水上木偶劇院

Nhà hát múa Rối nước Phương Nam

☎0813-686-565

🌐datve.nhahatphuongnam.com.vn

這裡的占婆文物收藏僅次於峴港的占婆博物館，與河內的國立歷史博物館齊名。

4號展覽室中的女性木乃伊死於1869年，在未經特別防腐處理的狀況下，歷時100多年仍未腐化，科學家至今未有合理解釋。

少數吳哥帝國的遺物，如代表佛印合一的鳥神迦羅樓在多頭蛇神迦那身上的雕刻，以及多臂毗濕奴神的砂岩雕刻。

13號展覽室的渥洮文化也相當值得一看，這個在中國文獻裡記載的「扶南」，是興盛於西元一世紀初的文化，就是中國文獻裡記載的「扶南」，是興盛於西元一世紀初的文明。

展出的文物還包括羅馬帝國的金幣，顯示當時湄公河三角洲在海上絲路的重要性。

大廳牆上四周繪有佛祖釋迦牟尼的生平故事。

舍利寺
Chùa Xá Lợi

這個外表看似平凡的舍利寺，是越南佛教重鎮，建於1956年，在越南近代史也占了舉足輕重的地位。1963年信奉天主教的南越總統吳廷琰命令當時的陸軍司令吳廷琰抄了舍利寺，並逮捕院內400多名僧侶尼姑，引發了釋廣德自焚事件。

現在的舍利寺經過重建，毫無當時的肅殺氣氛，卻仍是越南南部的佛教總部。高32公尺的鐘樓，是越南同類型建築中最高的，其大鐘重達2公噸。舍利寺平時都開放參觀，只是進入大廳要記得脫鞋，除每週日上午8:00~10:00舉辦佛教儀式外，每逢農曆初一、十五都會舉行法會。

📍 P.83A2　🚗 從紅教堂搭車前往約5~10分鐘
📍 89B Bà Huyện Thanh Quan
🕐 7:00~17:00　🌐 chuaxaloi.vn

震撼全世界的釋廣德自焚事件

1963年6月11日，在舍利寺修行的僧人釋廣德，為了抗議當時的南越總統吳廷琰崇奉天主教、貶抑佛教的作法，採取激烈的抗爭手段，在西貢市中心引火自焚。釋廣德自焚的景象被紐約時報的記者拍下，傳送全球，造成了世界各國的震撼與厭惡，其中又以佛教信眾人口多的亞洲國家為最。釋廣德的遺體被送到舍利寺兩度火化，竟然發現其心臟仍保持完整，於是被視為菩薩轉世，供奉在舍利寺。而釋廣德搭乘前往自焚的轎車，則收藏於順化的天姥寺裡。

自焚事件嚴重傷害吳廷琰政府的形象，導致累積的民怨自此爆發，直接導致了11月的軍官政變，吳廷琰政府被推翻。

大殿中坐在蓮花上冥想的釋迦牟尼雕像。

耶穌雕像在粉嫩的教堂旁顯得十分和藹慈祥。

外牆有精美的雕花窗和十字通風口等設計上的巧思。

✝ 粉紅教堂 Nhà thờ Tân Định

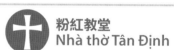

粉紅教堂原名是耶穌聖心堂，建於1870年代法國殖民時期，於1876年完工。教堂採新羅馬式建築風格，主塔高52公尺，是胡志明市第二大的教堂，僅次於紅教堂。其實教堂本來不是粉紅色的，1976年時為了紀念100週年才重新粉刷，將教堂外牆全部漆成了粉紅色，鮮豔的色彩和街景形成強烈的對比，並用可愛的少女風格取代了教堂莊嚴的形象，逐漸打響知名度，因此近年來成為胡志明市超熱門的網紅打卡景點。教堂內部則是漆成了全白，顯得明亮、純潔。

🗺P.81D2 🚶從紅教堂步行前往約20分鐘；從統一宮旁的Công viên 30/4站搭乘36號公車至Nhà thờ Tân Định站約15分鐘。 📍289 Hai Bà Trưng, Phường 8, Quận 3 🕐7:30~11:30、14:30~18:30；週日6:30~10:30、16:30~20:30 🚫週一 🌐www.giaoxutandinh.net

延伸景點

胡志明市的中國城，全越南最密集的華人移民社區。

 媽祖廟
MAP P.80 B3
Chùa Bà Thiên Hậu

如何前往

從紅教堂搭車前往約25分鐘

info

⊙710 Nguyễn Trãi ⊙6:00~16:30

打從1778年中國商人定居華埠之後，這裡便一直是華人最大的聚集地，長期以來，他們保存著自己的傳統，設立華語學校及各地會館，拒絕全然的越南化，所以許多住家前門依舊設有神龕，並貼著春聯，維繫著傳統不忘本的精神。而當地的媽祖廟，更是此區香火最鼎盛的信仰中心，為堤岸穗城會館所建，歷史長達近兩個半世紀。

寺廟中庭屋簷上擁擠的浮雕群，雕工精

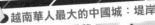

越南華人最大的中國城：堤岸

堤岸(Chợ Lớn)涵蓋了今日胡志明市的第五郡和部分的第六郡，是越南最大的華人移民社區。這裡的歷史可以回溯到18世紀，當時越南處在鄭氏和阮氏的內亂當中，越南華人選擇支持其中一個勢力廣南國，所以被阮氏派兵報復，散居各地的華人只好大舉南遷避難，於是在西貢河畔定居下來，並築起河堤防範水患，因此得到了「堤岸」的名字。

這裡的華人數量曾經超過100萬人，但經過排華和都市更新等事件影響，今日的堤岸已不復當年的盛況，只能從建築和街景中尋找華人留下的文化符號。

廟內全是乾隆朝時期漂洋過海而來的古董，旁邊還有關公廟及供奉財神爺的財帛殿

細，人物栩栩如生；凌空懸掛滿滿的螺旋狀塔香，據說祈禱與祝福能維持到塔香燃燒殆盡之時。

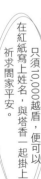

只須10,000越盾，便可以在紅紙寫上姓名，與塔香一起掛上，祈求闔家平安。

✝ MAP P.80 B3　方濟天主堂
Nhà Thờ Cha Tam

如何前往

從紅教堂搭車前往約25分鐘

info

📍25 Học Lạc　🕐5:00~23:00

在華埠眾多寺廟之中,這間教堂高聳的尖塔突出當地不算高的天際線,形成有趣的對比。方濟天主堂位於Trần Hưng Đạo的最西端,擁有鮮黃色外觀的它若不是入口上方寫著「天主堂」的中文牌匾,以及前方那尊位於中式涼亭下方的聖母像,幾乎要讓人誤以為身處歐洲。

教堂內部的裝潢同樣中西合璧,祭壇中央的耶穌像上方有著一個巨大的「福」字,兩旁則裝飾著中文對聯與宮燈,然而卻不令人感覺突兀。教堂本身裝飾並不過度華麗,不過卻有幾扇相當漂亮的彩繪玻璃窗。

教堂內有紀念FrançoisXavier Tam Assou的靈堂,他是在中國出生的西貢牧師。

🎁 MAP P.80 A3　平西市場
Chợ Bình Tây

如何前往

從紅教堂搭車前往約25分鐘

info

📍57A Tháp Mười　☎(28)857-1512

🕐5:00~19:30　🌐www.chobinhtay.gov.vn

華埠裡有兩個重要的市場:平西市場和安東市場 (Chợ An Đông),其中安東市場較為寬大乾淨,高4層樓,以乾貨及衣服為主,在入口處旁還設有台商旅遊資訊中心,至於平西市場則是華埠主要的批貨市場,更是當地店家進貨的大本營。平西市場高達兩層樓,在這座龐大的中式建築裡分門別類的聚集著各式各樣的商家:食品、布料與衣物、化妝品、文具、鍋碗瓢盆、餅乾糖果……琳瑯滿目讓人眼花撩亂。

在市場中庭的露天廣場上,有一座郭潭記的石碑,這位當初在華埠以垃圾回收發跡的富商,出資贊助了平西市場的興建。

用餐選擇

跟著胡志明市悠閒的步調，享用異國美食。

TEASPOON
咖啡廳

一壺茶 10,000越盾
must eat!
推薦菜

37 Lý Tự Trọng

來自澳洲的Trent在越南旅行時愛上此地，最後決定在這裡定居，並開了一間結合英式下午茶與越南咖啡的店。典雅空間處處有小驚喜，拱形落地窗搭配略帶頹廢感的長形木桌，有種來到英國鄉間人家作客的優雅從容。Trent四處尋覓當地的茶類供應商，精心挑選多種自己喜歡的茶款，包含紅茶、綠茶、草本茶與水果茶等。除了英式下午茶，也提供精心調製的越南咖啡，搭配自家製作的濃郁巧克力塔，圓滿了整個午後。

🔖P.83C2　🚶從紅教堂步行前往約5分鐘　☎0903-917-372　🕐10:00~22:30(週末至23:00)　🌐www.fanny.com.vn

The Refinery
三明治輕食、甜點

熱巧克力慕斯 Hot Chocolate Pudding
must eat!
推薦菜

🏠 **74 Hai Bà Trưng**

位於Park Hyatt Saigon附近的一座中庭裡，這間名稱原意為「煉毒廠」的餐廳，在法國殖民的印度支那時代，前身即為鴉片煉毒廠，如今則是一間法式小酒館，擁有一小片舒適的露天座位，稍稍遠離馬路的塵囂。午後，經常可見到此偷閒的上班族或年輕人，三三兩兩聚在一塊討論公、私事。它的熱巧克力慕斯更是甜食愛好者不可錯過的甜點，其他像是選擇眾多的咖啡、越南三明治以及蟹餅(Crab Cakes)都相當受到歡迎。

🔖P.83C2　🚶從紅教堂步行前往約9分鐘　☎(28)3823-0509　🕐11:00~23:00

Phở Hòa Pasteur
越南料理

牛肉河粉 90,000越盾
must eat!
推薦菜

260C Pasteur, Phường 8

對越南人來說，每天不吃一碗河粉，總覺得渾身不對勁，粉紅教堂附近的Phở Hòa Pasteur就是在地人也常常光顧的河粉店。Phở Hòa Pasteur的河粉不會煮得太軟爛，放上幾片生牛肉，淋上滾燙的清爽高湯，牛肉的鮮美滲入湯汁，鮮甜美味，再適量加入甜辣醬、海鮮醬、羅勒、豆芽菜、檸檬片、以及少許生辣椒，鮮香甘甜又爽口，多層次風味讓人每天一碗也不會膩。

🔖P.80C2　🚶從紅教堂步行前往約20分鐘　☎(28)3829-7943　🕐6:00~22:30

Quán Ngon 138
越南料理

must eat!

炒飯
140,000越盾

推薦菜

 138 Nam Kỳ Khởi Nghĩa

這間位於統一宮旁的餐廳,以順化風格的建築為藍圖,三扇門組成的廟宇似大門模仿河內的文廟,常讓人一入門即印象深刻,餐廳圍繞著一座庭園,大樹下散布著露天座位,室內空間分為兩層且中央挑高,令人聯想起中國古時的客棧。打開菜單,多達300樣來自北、中、南越的料理全收錄其中,各色沙拉、河粉、春捲、炒飯等一應俱全,炒蝸牛、血蛤、蟹肉餅……特色料理也並列其中,最重要的是該餐廳價格合理且食物美味,也因此吸引許多觀光客前來。

🏠P.83B2 🚶從紅教堂步行前往約5分鐘 ☎(28)3825-7179 🕐8:00~22:30

Propaganda Vietnamese Bistro
越南料理

must eat!

春捲
98,000越盾

推薦菜

 **21 Hàn Thuyên, Bến Nghé, Quận 1**

充滿藝術風格,且結合傳統越南菜風格與現代廚藝手法的Propaganda Vietnamese Bistro,是一間以小酒館概念開設的餐廳,料理以道地越南菜色為主,採用100%越南地產的食材製作,再透過主廚創意與餐廳概念將菜式融入嶄新手法,重新設計或注入現代元素,帶來煥然一新的味蕾旅程。推薦店內最經典的招牌菜色「酪梨生春捲」,使用新鮮甜美的本土時蔬與香料,配上自製越南醬與酪梨,咬下Q彈薄皮後,回甘的蔬菜與酪梨碰撞出爽口的滋味。

🏠P.83B2 🚶從紅教堂步行前往約3分鐘 ☎(28)3822-9048 🕐7:30~22:30(週五~週六全23:00)

propagandabistros.com

The Workshop Cafe
咖啡廳

must eat!

手沖咖啡

推薦菜

 **27 Ngô Đức Kế, Bến Nghé, Quận 1**

這間咖啡廳距離高人氣的咖啡公寓不過幾分鐘的路程而已,相較於咖啡公寓吸睛的外觀,The Workshop Café低調地隱身在一棟民宅中,店內挑高的裝潢和大面積的採光玻璃給人輕快、舒服的感覺。

店內最大的特色就是有豐富的咖啡豆選擇,並提供沖泡的方法,開放式的吧台更讓咖啡愛好者可以近距離欣賞沖泡的過程,此外也有販售多款咖啡豆。餐點也一點都不馬虎,各種早午餐、三明治、輕食都很受歡迎。

🏠P.81D2 🚶從紅教堂步行前往約15分鐘 ☎(28)3824-6801 🕐8:00~21:00

同場加映

從胡志明市出發
的小旅行

和 北越比起來，南越的西化更深，像是大勒就有著「小巴黎」的美稱，法國人在這裡打造的歐式山城躲過戰亂，良好地保存至今，成為南越度假的首選。沿海的芽莊是近年來興起的海濱度假城市，整條海濱大道充滿了自由奔放的氣息，加上完美的沙灘和小海島，滿足人們對度假的一切想像。胡志明市是南越的交通樞紐，從胡志明市出發拜訪這兩個度假天堂有多種方式，雖然距離不近，但一定不會後悔的。

胡志明市周邊圖

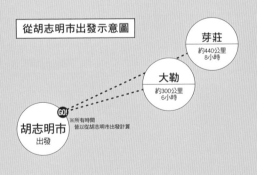

從胡志明市出發示意圖

芽莊
約440公里
8小時

大勒
約300公里
6小時

胡志明市
出發

※所有時間皆以從胡志明市出發計算

當天來回時在太趕，
不如乾脆留宿一晚

雖然芽莊曾經是占婆王朝的屬地，但只有位在市區北面的波那嘉塔得以保存下來。

推薦1

距離胡志明市
位於胡志明市東北方
距離約450公里
搭乘火車路程
約8小時

○ 市區交通
芽莊火車站和巴士站就位於市區西側，由此可以步行或搭乘計程車方式前往各景點。

市區房舍整齊的在馬路上排開，大佛寺、天教堂就成為市區顯目的地標。

MAP P.104　芽莊
Nha Trang

如何前往

◎飛機：芽莊的金蘭機場(Sân Bay Quốc Tế Cam Ranh)位於市區以南約30公里處。從胡志明市飛往芽莊，航程約75分鐘，從河內出發約需2小時左右，每天都有數班固定航班往返。另外芽莊和峴港之間也有班機往來，飛行時間約1小時左右。從金蘭機場搭車前往芽莊市中心約需30~45分鐘，另外也可搭乘機場巴士，費用每人74,000越盾，車程約1小時。

◎火車：從河內或胡志明市每天約有6~7班火車前往芽莊。芽莊距胡志明市約411公里，車程需8~10小時，車資約在28~49美金之間。芽莊距離河內1,315公里，車程約25.5~29小時，在車上過夜隔天才抵達；另外從芽莊搭火車到峴港約9~12小時。芽莊火車站就位於市區西側，由此可以步行或搭乘計程車前往各地。

◎巴士：芽莊的巴士總站(Bến xe phía Nam Nha Trang)位於火車站以西約6公里。芽莊是Open Tour Bus主要停靠站，越南境內大城都有巴士前

往芽莊，從胡志明市前往約需11小時，從大勒前往約需5小時，至於從河內出發則約需24小時。可至市區的旅行社例如The Sinh Toursit、Futa Bus或Phuong Trang訂巴士票。

芽莊這座位於越南中部的海港，是越南幾個著名的濱海度假勝地之一，其名稱據說源自於占婆語的「Yakram」，意思是「竹林河流」。

這裡最吸引人的就是那陽光和沙灘，還有輕鬆的魚鄉生活。隨著近年來改革開放之後，這裡也成為西方觀光客前來休閒度假的重點城市，濱海旅館和高級度假村如雨後春筍般湧現，為當地的生活與沙灘增添不少熱鬧氣息！

可以選擇半日或一日遊的島嶼遊程，吹著海風到外海的島嶼賞鳥、浮潛、吃海鮮，或者是在那細白的沙灘上享受陽光，靜靜地體會芽莊的典型濱海小鎮風情。

當天來回時在太趕，
不如乾脆留宿一晚

⚫養生又有趣的泥漿浴

來到芽莊除了海邊度假之外，最不能錯過的體驗就是泡泥漿浴了。芽莊的泥漿浴起源於1990年代，當時人們在芽莊發現了從地表湧出的泥漿，這些泥漿含有豐富的礦物質，人們便將泥漿與芽莊著名的天然礦泉水結合，發展出能讓人放鬆身心的泥漿浴。隨著芽莊的觀光業越來越發達，泥漿浴越來越受歡迎，業者也不斷改良配方，使其多出了醫療的效果，可以護膚且促進血液循環。溫泉區的設施也越來越完備，提供游泳、按摩、泡澡等多種服務。

◎Thap Ba Mud SPA center

🏠438 Ngô Đến, Ngọc Hiệp

🌐tambunthapba.vn

◎I-Resort泥漿溫泉

🏠Tổ 19, thôn Xuân Ngọc

🌐www.i-resort.vn

身為富慶省的省會，芽莊也是當地最大的漁港，漁港每日下午便有漁船陸續回航。

Highlights：在芽莊，你可以去～

① 芽莊海灘
Bãi Biển Nha Trang

昔日純樸的漁港、今日已經成為熱門的避暑勝地，芽莊以它美麗潔白的細沙和腹地廣大的海灘吸引眾人的目光！芽莊沙灘由南到北綿延了將近5公里的距離，沙灘緊鄰著海濱大道，海濱大道上非常熱鬧，隨處可見高級酒店、渡假村和餐廳，吃喝玩樂在這都能滿足。而附近的海域更擁有多達19座的大小島嶼，也因此人們除了到此享受日光浴和戲水的樂趣外，許多人更乘船出海遠遊，前往外海進行浮潛、獨木舟等水上活動，甚至參觀水上養殖場，或是找個環境好、安靜悠閒的小島放鬆。
📍P.106 🚶從潭市步行前往約12分鐘

島嶼一日遊

芽莊外海的島嶼也是旅遊重點，當地旅行社會提供半日或全日的遊程前往這些島嶼，行程中包含了浮潛和海鮮午餐，並且會參觀船艦造型為主的Trí Nguyên海生館(Thủy Cung Trí Nguyên)、淺海養殖場等地，尤其是參觀水上的養殖場時，你可以順便向這些漁民購買新鮮的龍蝦或海產，再拿到餐廳請廚師烹調。

住在海濱大道上一出門就是海灘，入夜後在沙灘上散步氣氛滿滿。

同場加映：從胡志明市出發的小旅行

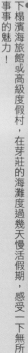

下榻濱海旅館或高級度假村，在芽莊的海灘度過幾天慢活假期，感受一下無所事事的魅力！

同場加映：從胡志明市出發的小旅行

② 葉爾辛博物館
Bào Tàng Yersin

法國人殖民越南長達百年，不過真正能在當地留名的卻不多，然而身兼醫生和生物學家的葉爾辛(Alexandre Yersin)至今依舊被人們所追憶，可以在越南許多城市裡，發現以他為名的街道。葉爾辛出生於瑞士的法國家庭，他為了行醫回到法國，不久後來到印度支那服務。他畢生投入大量精力在於鼠疫血清的研究，在發現鼠疫的病因後，葉爾辛於1895年前往芽莊創立實驗室，也就是今日的葉爾辛博物館所在地。後來他也在這裡度過了人生的最後一程。除了醫學上的研究外，葉爾辛對此區的貢獻還包括當地教育與農業的改良。

🅿️P.106 🏠10 Trần Phú ☎0932-212-262 ⏰7:30~11:30、14:00~17:00 休週末 💲26,000越盾

在博物館中可以看見他的相關研究筆記、與親朋好友往來的書信。

他昔日的臥室擺設和藏書、顯微鏡等設備。

一般在台灣藥房才看得見的海馬乾，居然在這些海鮮乾貨店也以一袋袋分裝好的方式高掛店門口準備出售。

③ 潭市
Chợ Đàm

想買任何東西，到潭市準沒錯！它是芽莊最大的市集，裡頭從生鮮、民生必需用品到紀念品一應俱全，對遊客和當地居民來說都同樣重要。潭市呈現圓形，和其他越南市場一樣各類商品分門別類聚集。潭市外面也很熱鬧，有需多攤販和店家，比較特殊的是，外面的商家大都以紀念品店和海鮮乾貨為主，許多紀念品店還出售貝殼或是以貝殼製成的玩偶。

🅿️P.106 🚶從大教堂步行前往約15分鐘 🏠在Hai Bà Trưng和Phan Bội Châu兩路口 ⏰5:00~18:30

④ 大教堂
Nhà Thờ Núi

位居芽莊西側地勢較高的小山丘上，外觀樸實、方正的大教堂看來有幾分神似碉堡。這座興建於1928~1933年間的建築，洋溢著法國哥德式風情，僅以水泥和石塊做為建材，顯得十分復古，彩繪玻璃則替建築增添了些許色彩。由於地勢居高臨下，因此從教堂前方的空地可以看見火車站和附近的景色，也因為地處幽靜，偶爾也會遇見到此散步談心的當地人。

沿著斜坡進入教堂之前，會先經過一片貼滿石板的外牆，石板是一塊塊墓碑，全是昔日附近天主教墓園的遺跡，1988年時為了興建新的火車站，使得墓園遭到清除，移出的往生者便長眠於教堂旁這片石牆的後方。

ⓟP.106 🏠1 Thái Nguyên, Phước Tân ⏰7:00~17:00

DO YOU KNOW

咦，天主教堂裡怎麼會有香爐？

眼尖的觀光客會發現不論是教堂外的耶穌像前還是禮堂內都可以看到香爐，甚麼時候天主教徒需要燒香拜拜呢？原來在法國人前來殖民之前，越南民間有信佛教的，也有信道教的，燒香拜拜一直都是越南人的習慣。天主教隨著法國人傳進來後也跟著入境隨俗，尊重信徒用自己習慣的方式來敬拜神，於是才有拿香拜耶穌這樣奇特的景象出現。

教堂外的墓碑是紀念在這裡服務過的神職人員。

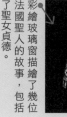

彩繪玻璃窗描繪了幾位法國聖人的故事，包括了聖女貞德。

Highlights：在芽莊，你可以去～

5 龍山寺 Chùa Long Sơn

龍山寺最初落成於1886年，當初聳立於另一座山丘，不過卻在1900年時因一場強烈的暴風而被摧毀。今日的這座龍山寺興建於1930年，越戰時因遭受嚴重破壞，而於1971年時加以大肆整修，才能維持如今的面貌。龍山寺在創立之初已是當地的佛教協會中心，正殿前許多佛像圍繞著蓮花池，牆壁上有許多佛教壁畫，大堂中的佛像也有700公斤重，非常莊嚴又震撼。

真正要前往大佛所在地，必須爬上150級階梯，也可以要求計程車司機直接前往山頂，如此一來建議可以步行方式下山，在半途順道拜訪那尊長80公尺的臥佛。

寺後有座高24公尺的大型白色佛像，因為位在山丘上，從市區很容易看到祂，宛如芽莊的守護神，已經成為芽莊的地標。

📍P.106 🚕從潭市搭車前往約10~15分鐘 📍22 Đường 23 Tháng 10

這些僅存的波那嘉塔中，以北邊的23公尺高的塔廟最令人印象深刻。塔身上半部為錐形，下身則為圓柱狀，外牆四周有層層的浮雕像。

每當聚集大量遊客時，主廟塔和博物館之間的空地會有占婆傳統舞蹈表演，供遊客免費欣賞。

6 波那嘉塔 Tháp Po Nagar

波那嘉塔位於芽莊河北岸的山丘上，該遺跡群大約興建於8世紀的占婆王朝，用來記念王國之母——Yang Ino Po Nagar女神，原本應有10座塔，如今僅倖存三座塔廟。對外國人來說這裡是見證占婆王朝的遺跡之地，不過當地人卻仍在這裡祭拜並視之為聖地。

波那嘉塔前方的70度斜面的樓梯，十分陡峭，現在已經禁止遊客攀登。從這裡，可以體會占婆王朝的子民對占婆神的崇高尊敬。雖然大部分的巨型雕刻都已經收藏在博物館，不過現在在塔廟內還可以看到兩座硬木雕刻，約建於9世紀。

📍P.106 📍61 Hai Tháng Tư ⏰6:00~17:30 💲 30,000越盾 ❶入內參觀有服裝規定，男性不能露膝，女性不能露出肩膀和腿。現場有提供免費長袍可以套上再入內參觀

遺跡內有個觀景台可以欣賞芽莊河入海口的景色。

兩天一夜的行程

當天來回時在太趕，不如乾脆留宿一晚

○ 市區交通

大勒市區很小，以步行的方式即可完成參觀，不過如果要前往纜車站、達坦拉瀑布和保大皇夏宮等景點，則必須搭乘計程車或租借摩托車，租摩托車一天約150,000~200,000越盾。

推薦1

距離胡志明市

位於胡志明市東北方

距離約300公里

搭乘巴士路程

約7小時

由於交通的不便利，讓大勒成功地躲過了戰爭的殘害，所以保留了許多殖民時期的建築。站在這裡，常有置身法國的錯覺！

MAP P.104 **大勒** Đà Lạt

大勒全圖

Ana Mandara Villa Dalat Resort & Spa
大勒市場 Chợ Đà Lạt
← 往觀音寺 Chùa Lâm Ti Ni
春香湖 Hồ Xuân Hương
大勒舊車站 Ga Đà Lạt
Dalat Palace Heritage Luxury Hotel
Crazy House
大勒大教堂 Nhà Thờ Chính Tòa Đà Lạt
保大皇夏宮 Dinh Bảo Đại
↓纜車·達坦拉瀑布和泉林湖

如何前往

◎飛機：距離大勒最近的蓮姜機場（Liên Khuong Airport），坐落於市中心以南約32公里處。從胡志明市及河內飛往大勒，各約需50、110分鐘左右，每天都有固定航班往返。搭乘機場巴士進入市區非常方便，離開入境大廳後往停車場方向，就可以看到機場巴士的售票人員，單程票價40,000越盾。另外機場和市區之間有固定價格的預付費用計程車，費用視車行而異，約在250,000~350,000越盾之間，可直接抵達飯店，車程約需30分鐘。

◎巴士：大勒是Open Tour Bus主要停靠站。從胡志明市Bến xe Miền巴士總站前往大勒的班次頻繁，平均每小時一班次，車程約7~8小時，車資35萬越盾。從芽莊到大勒大約4小時，8:00~16:00之間有8個班次，車資約20萬越盾。

大勒素有「小巴黎」之稱，每年有超過30萬的旅客到此度假。其實早在20世紀初時，大勒就受到法國人的喜愛，因為受不了湄公河和海岸邊悶熱又潮濕的氣候，他們紛紛遷居標高1,475公尺、終年氣候涼爽的大勒。也因為如此，當時的大勒簡直是座小型的歐洲山城，為數眾多的法式別墅四處可見。

市區的春香湖被起伏的山巒所包圍，湖畔一邊常有當地孩童快樂地放風箏，另一邊則是大勒的18洞高爾夫球場，而大勒市場則是了解居民生活的最佳去處，為數眾多的鮮花攤販，更為大勒增添了歐式的生活情調。

同場加映：從胡志明市出發的小旅行

因為班車時間有限，所以一般遊客大都只會在車站內懷舊一番，或是站上復古火車合影留念！

同場加映：從胡志明市出發的小旅行

① 大勒舊車站
Ga Đà Lạt

迷人的大勒舊車站位在春香湖以東約500公尺處，車站前的花園和鵝黃色的歐式建築給人俏皮可愛的印象。這個曾經在1928~1964年間營運的車站，當時主要行駛往來於大勒和Tháp Chàm之間的火車，後因戰爭時遭受攻擊而被迫關閉。在這段昔日長84公里的旅程中，因為中途約有17公里的地勢較高，為防止火車滑動因而加裝齒輪系統，現在這條路線經過復修後，已經有7公里重新開放，不過僅以觀光為目的。你可以搭乘復古火車到附近的村落，然後再原車返回大勒。

🚃P.111　🚌從大勒市場搭車前往約15分鐘　🏠1 Quang Trung　🕐8:00~17:00　💲5000越盾

Do you Know

運氣好才搭得到車？

大勒觀光火車一天有6個班次，車票分為兩種，價格分別是150,000越盾及135,000越盾。到Trai Mat村的車程約15分鐘，抵達後列車長會提醒大家回程的發車時間。不過這個觀光火車體驗不一定每個人都搭的到，不是因為人太多，而是剛好相反！如果一個班次少於25人購票就會直接取消。此外，班次也會依季節變動，購票前記得先詢問各班次的狀況，避免耽誤到行程。
去程：7:50、9:55、12:00、14:05、16:10
回程：8:50、10:55、13:00、15:05、17:105

市場內外都比越南一般的傳統市場整潔，讓人逛起來更舒服。

2 大勒市場
Chợ Đà Lạt

大勒市場是當地生活的重心，位於一座交通繁忙的圓環旁，範圍很大，包括了兩棟建築和兩條街道，附近林立著攤販與商家，通往上方的階梯更聚集了一大堆美食小吃攤，烤魷魚、烤海螺、炒蝸牛……香氣四溢，讓路過的人忍不住口水直流。

市場白天是大勒人採買食材和雜貨的地方，朝鮮薊、蔬菜和水果擺滿各地，熱鬧的叫賣聲此起彼落，黃昏後這裡儼然成了夜市，圓環四周禁止車輪通行，小販大大方方的做起生意，各式各樣的道地料理和小吃在這都找的到。

⬆P.111 ⌖Nguyễn Thị Minh Khai

同場加映：從胡志明市出發的小旅行

大勒居民常一家老小帶著零食和飲料，就這麼坐下來天寬地闊的野餐。

3 春香湖
Hồ Xuân Hương

位於大勒市場附近的春香湖是一座人工湖，開挖於20世紀初的法國殖民時期，是當地人主要的休閒場所，細長的湖泊面積達到5平方公里，擁有長達5公里的步道，是情侶散步談心的好去處，湖畔還提供天鵝船租借，踩踏到湖中後，更能欣賞這座群山環繞的城市盡攬的綠意。除了觀景餐廳之外，湖邊還散布著小公園和廣場，讓人們有更親近自然的空間。

⬆P.111 ⬅從大勒市場步行前往約5分鐘

同場加映：從胡志明市出發的小旅行

大勒居民至今還有許多人是信奉天主教，因此這裡也成為居民社交的場合。

④ 大勒大教堂
Nhà Thờ Chính tòa Đà Lạt

大勒教堂建於1931~1942年間，磚紅的外牆和高達47公尺的火焰尖塔，讓這座教堂顯得非常醒目，也成為當地的地標。這座教堂最初是為了法國殖民時期的居民和度假客而建，經費全由當地的神父Nicolas集資，教堂內部雖然沒有非常華麗，但四周的彩繪玻璃卻是給人一股歐洲中古世紀的氣氛。教堂做禮拜時段很少對外開放，禮拜舉行時間為平日的5:15和17:15，週六17:15，以及週日的5:30、7:00、8:30、14:15、16:15、18:00。

⊕P.111　🚍從大勒市場搭車前往約5分鐘
⊙17 Đ. Trần Phú　🔗giaophandalat.org

5 Crazy House

如果説到大勒最具特色的景點非Crazy House莫屬。

Crazy House的設計師是在莫斯科大學擁有建築博士學位的Dang Viet Nga，這位女士從建築大師高第身上獲得靈感，興建了這座「童話屋」，整體建築結構猶如一棵巨大的榕樹，以枝幹和樹枝串起彼此。

這裡的每個房間都以動物為主題，像是老虎、老鷹、螞蟻等，牠們也分別象徵不同的民族，例如螞蟻是勤勉的越南人，老鷹則是總以老大哥自居的美國。正因為實在太怪了，打從1990年Crazy House落成開始，就成為大勒旅遊書中常見的推薦景點！由於太受歡迎，近年也陸續增建新館。

⚐P.111 🚗從大勒市場搭車前往約5分鐘 🏠3 Huỳnh Thúc Kháng ☎(263)382-2070 🕐8:30~18:00 💲身高140公分以上參觀門票60,000越盾 🌐crazyhouse.vna

同場加映：從胡志明市出發的小旅行

房間的裝飾也相當獨特，像是老虎房中的老虎雕像眼睛閃現著紅光，袋鼠房中的袋鼠雕像肚子則為火爐。

點綴其中的蘑菇、蜘蛛網、洞穴和各種動物，則象徵大自然元素，行走其中猶如穿行於一座空中迷宮般相當有趣。

⑥ 保大皇夏宮
Dinh Bảo Đại

保大皇在大勒建有3座宮殿，這是唯一改建成博物館並開放給大眾參觀的宮殿！這間法式風格的大型別墅裡共有25間房間，並保留了保大皇曾經使用過的器皿和用具，這些用品很能反映保大皇早年的法式教育背景。1樓分別是客廳、後客廳、節慶廳、保大皇的辦公室等房間，其中的節慶廳擺設仍舊和從前一樣，是保大皇一家團聚的地方，廳裡有一幅畫是當地的少數民族所贈與，另一面地圖則是1952年時他的學生所贈。

這是越南阮朝最後一任皇帝保大皇的夏宮，他晚年流亡法國，1997年逝世於法國。

🅟P.111 🚗從大勒市場搭車前往約5分鐘 🏠1 Triệu Việt Vương ⏰7:00~17:00 💲40,000越盾

2樓多半是皇室成員的房間，包括有在14歲就被送到法國的保大皇兒子的王子房間、皇后臥房、保大皇臥室、飯後聊天室等。

雲霄飛車速度由自己控制，因此即使是小朋友也非常適合搭乘。

⑦ 達坦拉瀑布
Thác Đatanla

大勒附近有許多瀑布，位於機場和市區路上的達坦拉瀑布，是最容易前往的一座，再加上裡頭附設步道、雲霄飛車等設施，使得它深受國內外遊客的喜愛。這裡的雲霄飛車和一般遊樂園常見的不太一樣，雖然同樣架高於路面之上、穿行於樹林之間，不過卻不會過於刺激。唯獨體驗人潮眾多，往往得排上好長一段時間的隊。雲霄飛車的目的地是瀑布，遊客也可以步行的方式前往，大約15分鐘的時間，就能在一片青山綠意間欣賞瀑布奔流的氣勢。

🅟P.111 🚗從大勒市場搭車前往約15~20分鐘 🏠位於大勒以南5公里處 💲門票50,000越盾；雲霄飛車全票單程80,000越盾、來回100,000越盾 ⏰7:00~17:00

⑧ 泉林湖
Hồ Tuyền Lâm

在坦達拉瀑布的附近,離大勒市中心6公里處,坐落著全大勒最大的湖泊泉林湖,大部分遊客會選擇搭乘纜車前往,從纜車站步行約10分鐘即可抵達。面積廣達320公頃的泉林湖,是當地多條河流、泉水和森林的交會處,湖邊有不少船家提供遊湖服務,也可以自己租艘小船感受飄搖的愜意。

🕐P.111　🚌從大勒市場搭車前往約15~20分鐘　📍位於大勒以南6公里處

由於景色優美因此許多度假村紛紛相中此區,打算大力開發,也因此今日所能看見的悠閒景色,恐怕即將在未來逐漸消失。

同場加映:從胡志明市出發的小旅行

---

⑨ 纜車
Cáp Treo Đà Lạt

大勒纜車站位於羅賓丘(Robin Hill),居高臨下的地勢,附近景觀猶如360度的畫布在眼前展開。如果這樣還不過癮,不妨搭乘由奧地利人經營的纜車,感受將青山綠意和城市踩在腳下的凌空快意,纜車共有50節車廂、路線長達2.4公里,單程約20分鐘,以泉林湖附近的竹林襌寺(Thiền Viện Trúc Lâm)為終點。

🕐P.111　🚌從大勒市場搭車前往約10~15分鐘　🕐7:30~17:00　💲全程單程100,000越盾、來回120,000越盾;優待票單程80,000越盾、來回90,000越盾。

纜車站前方的平台擁有欣賞大勒城市風光的最佳視野。

航向順化的偉大航道

INFO

基本資訊

人口：65萬人　**面積**：266平方公里　**區碼**：234

城市概略

　　流經順化中心的香江，是昔日的交通要道，也是欣賞順化之美的最佳方式。順化京城位於香江北岸，東巴市場和歷史及革命博物館也在附近，可以做為行程的起點，其他景點散布在香江的沿岸，遊客可搭乘遊船沿江前往天姥寺、順化皇陵、鬥獸場等地，更可順道欣賞水上人家捕魚、洗衣、採河砂的場景。此外順化的範圍不大，租摩托車一日遊也是可行的。

如何前往

飛機

　　順化的Phú Bài機場(Sân Bay Quốc Tế Phú Bài)由軍用機場改建而成，距市中心約15公里。從河內及胡志明市飛往順化，約需80~90分鐘，越南航空和越捷航空每天提供多班固定航班往返順化。

火車

從河內或胡志明市每天約有5~6班火車前往順化。順化距河內688公里，快車約需12~16小時，其中4班為午後發車、隔天抵達，可節省住宿費和時間，車資視軟硬座和軟硬鋪而異，約在24~42美金之間；順化距胡志明市1,038公里，快車約需19~23小時，所有班次都必須在車上過夜，由於時間過長因此不建議搭乘火車。順化距峴港約103公里，搭火車約需2小時40分鐘。

巴士

雖然河內和胡志明市都可搭乘巴士前往順化，且大約每1~3小時就有一班車，不過非常耗時，光是搭車時間可能就必須耗掉13~24小時。從峴港平均每小時就有一班車前往順化，車程約3小時。從洞海可以請旅館預訂共乘的廂型車，從洞海旅館直接接送到順化，車程約4小時，每人150,000越盾。

市區交通

機場前往市區

從機場前往順化市區大約30分鐘車程，機場巴士費用每人約70,000~100,000越盾，計程車車資約250,000越盾。機場巴士上、下車地點為：Ha Noi St.20。

遊船

在順化很適合搭乘遊船順著香江旅行，行程選擇也非常多樣，可以單點來回或是選擇一整天的行程，價格從5美金到20美金都有，依搭乘船型的等級、大小以及停留地點而有不同。以參觀天姥寺以及3個皇陵為例，從早上8:30出發，到下午3點結束，費用大約每人350,000越盾。也可以選擇搭乘摩托計程車，每人大約12美金，同樣是參觀3個皇陵及天姥寺。

人力車

包台人力車悠哉地遊覽順化市區，比起在河內或胡志明市的車陣裡打仗般地穿梭，來得有韻味，不過搭乘人力車需要費時講價，而且價格不一，務必在出發前先議好價，以免發生爭端，大約是一小時20萬越盾。

計程車

在順化搭計程車非常便利，但仍要慎選車行，或是透過Grab叫車。以Mai Linh計程車為例，起跳價（前0.5公里）大約5,500越盾，之後每公里加約14,000越盾，到31公里之後，每公里加約15,000越盾。

◎**Mai LinhTaxi**

☎(234)389-8989 ⓦmailinh.vn

◎**Thanh Cong Taxi**

☎(234)357-5757 ⓦthanhcongtaxi.vn(只有越南文)

租摩拖車

若要自行要較遠的皇陵參觀，可以考慮租摩托車，租金一天大約8~10美金，依車型而定。

遊客中心

在順化有官方的遊客中心，而且提供非常多免費資料及地圖，也有販售在地生產的紀念品，服務人員也非常熱心。

⌂106 Đinh Tiên Hoàng ☎(234)382-2355 ⓦvisithue.vn

阮氏王朝君臨天下的皇城

順化
Huế

順化索引圖

順化有著倚山面河的優越地理條件，最早的歷史記載始於西元前3世紀，到了2世紀左右，占婆勢力開始興起並建立龐大的帝國，西元1471年時，黎朝打敗占婆，結束占城歷史。直到1637年阮氏王朝開始在此興盛發展，順化逐漸成為重要的城市。越戰期間，順化正好位於南北越交界附近，受到嚴重的砲火轟炸，許多歷史建築被破壞殆盡。經過多年的修復後順化再度以新面貌向世人展現輝煌的歷史。流經順化中心的香江，是昔日的交通要道，也是欣賞順化之美的最佳方式。遊客可沿江前往天姥寺、順化皇陵、鬥獸場等旅遊景點，更可順道欣賞水上人家捕魚、洗衣、採河砂的場景。

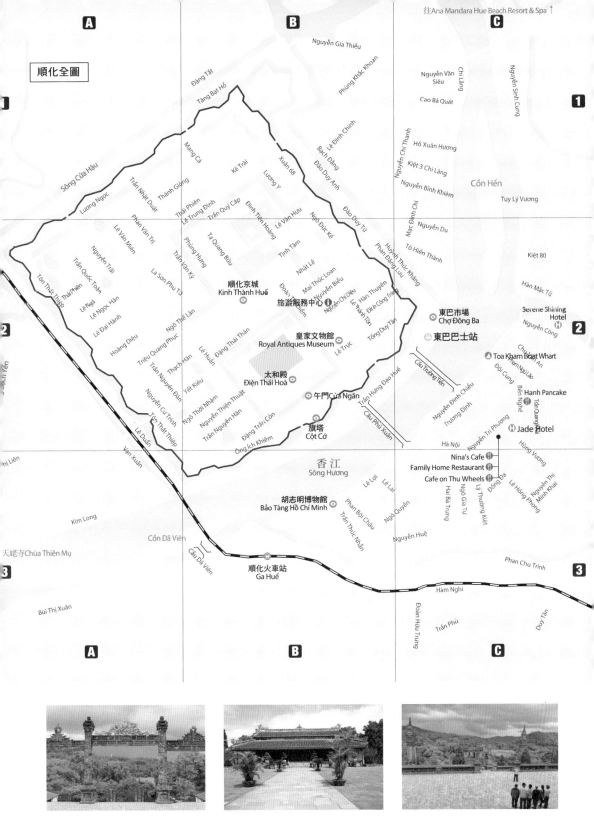

看盡越南百年興衰，媲美紫禁城的**順化京城**。

順化：順化京城

順化京城

MAP
P.121
B2

Kinh Thành Huế

　　順化京城建於1805年，歷經數十年的修建，才形成今日規模。而京城由外而內，共有三道城牆，層層戒護。

　　進入午門和參道後，直接抵達太和殿(Điện Thái Hoà)，其間的重要建築還包括供奉列祖列宗之宗祠、太后寢宮、總管皇宮大小事務的內務府等。

　　最內層的城牆稱為紫禁城(Tử Cấm Thành)，裡面是皇帝辦公及其皇室家族的起居所在。其中包括皇帝上朝的勤政殿(Điện Cần Chánh)、皇帝寢宮乾成殿(Điện Cần Thanh)、皇后寢宮坤泰殿(Điện Khôn Thái)，是皇室的重要休閒場所。

　　順化皇城在1993年被列入世界遺產，得到經濟和復建技術的支援，逐步恢復昔日丰姿，雖然復建工作仍在進行中，但皇城的恢宏氣勢已十分令人震懾。

ℹ️

📍Thành phố Huế, Thừa Thiên Hu
🕐7:30~17:30
💲成人200,000越盾、優待票40,000越盾。或是購買聯票較優惠，順化京城加上兩個皇陵（啟定皇陵、明命皇陵、嗣德皇陵）三地聯票成人420,000越盾，以及順化京城、啟定皇陵、明命皇陵再加嗣德皇陵四地聯票，成人530,000越盾，這兩種聯票效期都是兩日內有效。

從Cầu Trường Tiền橋
搭車前往約3分鐘

至少預留時間
參觀重點：1小時
參觀全城：2~3小時

造訪順化京城理由

1 越南重要的**世界文化遺產**

2 欣賞大規模的**歷史遺跡**和**文物**

3 模仿紫禁城的**壯觀建築**

順化京城以中國北京的紫禁城為範本，不論是左右對稱的型制、或是以漢字所提的宮殿樓閣名稱，處處可見中國文化的影響。

怎麼玩
順化京城才聰明？

香江鐵橋

從順化市區前往順化京城會經過**香江鐵橋(Trang Tien Bridge)**，這座橋造型獨特，值得停下來欣賞。尤其晚上會點燈，替香江增添了浪漫的夜景。

第二層城牆耙，就是文武百官上朝和皇室的居所。這道城牆周長共計2,400公尺，只有4個出入口，以南向的午門(Cửa Ngân)為正門。

京城建於香江北岸，面向東南，以香江上的兩個小島為青龍、白虎，護衛著京城。

傳統藝術表演

閱是堂不但是值得參觀的古劇院，從2003年開始，遊客也可以和從前皇室一樣，在閱是堂欣賞傳統藝術表演，每天有2~4場的演出，演出內容包括宮廷樂、舞蹈和戲劇，觀賞表演的門票，需要另外購買，票價約200,000越盾。

宮廷料理

身為王國的首府，宮廷料理在順化發展日益精進，形成了獨特的料理文化。隨著觀光的發展，宮廷料理出現在順化的許多餐廳，逛完順化京城別忘了來一頓精緻美味的皇室御膳！

DO YOU KNOW

浴火重生的皇城

順化位在越南狹長國土的中央，是兵家必爭之地，因此在越南獨立戰爭和越南戰爭期間多次被戰火波及，順化京城也受到嚴重的損害。越戰結束後進行了多次修復，不過修復程度有限。直到1993年被列入世界文化遺產才得到足夠的資金和關注。如今在京城內還是可以找到一些未修復的斷壁殘垣。

服裝規定
進入順化京城前了解館方的服裝規定，上衣必須要有袖子並覆蓋住整個胸部；褲子則必須至少是及膝的短褲。

從午門一路逛進紫禁城，一窺越南皇室的生活。

旗竿原是木製，但在紹治年間，因颱風被摧毀，改成鑄鐵製，然而在1947年還是不敵強風，才改以鋼筋水泥製。

京城Kinh Thành

最外圍城牆稱為京城(Kinh Thành)周長共1公里，呈正方形，外有護城河，內側還有一道皇室運河。城牆高660公尺，厚21公尺，設有24個防哨，400多座大砲，而且要進入這道城牆，只有10個出入口，每個出入口在當時都設有嚴密崗哨防衛。城牆內的道路網也經過完善規畫，為國家文物局、大學、外國使節……等機關的所在。

順化∷順化京城

旗塔Cột Cờ

第二層城牆外的旗塔上高矗著越南國旗，可說是全順化城最顯目的地標。這座旗塔是嘉隆皇帝建於1807年，造型如3層階梯型金字塔，高17.4公尺，台上立著29.52公尺高的旗竿，換算成現在的高樓，也至少有12層樓高呢！在阮朝年間，平日杆上雖有皇旗，遇上了國家重要節慶時，更換上長寬各達4、3.6公尺的帝王大旗，迎風飄揚，威風的氣勢令人神往。

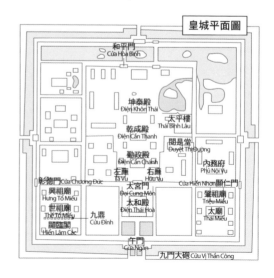

皇城平面圖

和平門 Cửa Hoà Bình
坤泰殿 Điện Khôn Thái
太平樓 Thái Bình Lâu
乾成殿 Điện Cần Thành
閱是堂 Duyệt Thị Đường
勤政殿 Điện Cần Chánh
內務府 Phủ Nội Vụ
彰德門 Cửa Chương Đức
左廡 Tả Vu
右廡 Hữu Vu
顯仁門 Cửa Hiển Nhon
太宮門 Đại Cung Môn
肇祖廟 Triệu Miếu
興祖廟 Hưng Tổ Miếu
世祖廟 Thế Tổ Miếu
太和殿 Điện Thái Hoà
太廟 Thái Miếu
顯臨閣 Hiển Lâm Các
九鼎 Cửu Đỉnh
午門 Cửa Ngọ
九門大砲 Cửu Vị Thần Công

124

午門Cửa Ngăn

午門是皇城最主要的出入口，建築可分為上下兩部分：下方為磚石疊砌而成的門樓，上方以漢字寫著「午門」二字，當年可是以純金所寫；上方上平台有座木造的五鳳閣 (Lầu Ngũ Phụng)，可由門樓兩側的石梯登上。門樓和五鳳閣均呈U字形，象徵歡迎來客。

五鳳閣的屋頂有九重屋簷，中央為皇帝專用的金色琉璃瓦，表示該區域為皇帝專用，其它屋瓦則為深綠色。由上往下俯瞰，仿如五鳳互啄戲遊，高翹的屋簷是鳳之展翅，因而得名五鳳。室內所有的梁柱、隔間和門，都塗以紅、黃兩色。下層是開放空間，皇帝的大位就在金色屋頂下觀禮。

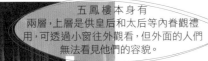

五鳳樓本身有兩層，上層是供皇后和太后等內眷觀禮用，可透過小窗往外觀看，但外面的人們無法看見他們的容貌。

屋脊上是一隻雕得活靈活現的龍正在耍龍珠。

門樓開有5座木造大門，中央的大門專供皇帝使用，其兩側的門為文武官員專用，最外側兩道門則是皇家大典時軍隊的出入口。

9門大砲Cửu Vị Thần Công

午門兩側的城牆外，原設有9門大砲，分別以四時(春、夏、秋、冬)和五行(金、木、水、火、土)為之命名。這是1803年嘉隆皇帝下令將前朝西山王朝(Tây Sơn) 的所有銅製器皿全部融掉重鑄，成為這9門大砲，每門砲長5.1公尺，重逾10噸。不過，這幾門砲倒是從未真正參與戰爭，只是用於施放禮砲。後來啟定皇帝將其移至南邊最外層城牆附近展示。

順化：順化京城

125

太和殿 Điện Thái Hoà

太和殿是目前修復得最完整的建築之一，也是皇城裡最重要的建築：初建於1805年，阮朝13位皇帝，都曾坐在這裡的龍椅上主持大典，說太和殿是當時阮王朝的中心，可是一點也不為過。

太和殿建築最具巧思的設計，在於從皇帝所坐的龍椅位置上，可清楚地聽見殿內每個角落的聲音，至今仍未有專家對這現象提出合理解釋。

除了上述重大典禮在太和殿舉行，皇帝一般上朝是在勤政殿，不過勤政殿經過法國入侵和美軍轟炸時，已被毀得面目全非，後由日本協助重建。

琉璃瓦，也是皇帝的代表色，殿內的天花板精雕細琢，紅柱上也都有雕了金龍和祥雲。

太和殿的屋頂全為金黃

有趣的是，前後兩側的門鑲著歐洲風味的彩色玻璃，這是深受法國文化影響啟定皇帝於1923年所下令改造而成。

一般建築配不上的豪華大門：櫺星門。

在太和殿和午門之間可以看到兩座顯著的銅製大門，南邊的門題字「正直蕩平」、「高明悠久」，北邊的門題字為「居仁由義」、「中和位育」。這是中國傳統建築形式中的櫺星門，這種建築源於唐代的烏頭門，因為氣派莊嚴，到了明代逐漸成為專門設置在重要建築的大門，像是祭壇、文廟及親王府等。太和殿做為皇城的重要建築配置櫺星門是非常合理的。

Do You Know

太和殿舉辦哪些典禮呢？

在太和殿舉行的大典包括：新皇加冕典禮、皇帝生日、外國使節觀見，以及每月兩次的大朝。典禮舉行時，只有皇帝坐在太和殿內，其它文武百官站在太和殿前的廣場「大朝儀」(Sân Đại Triều Nghi)，官員依左武右文的原則，以及官階大小列隊。現在大朝儀的地上，仍可見到刻有官名的小石碑。

左廡Tả Vu、右廡 Hữu Vu

左廡、右廡分別為文官及武將的
休息之處，這兩座建築彼此相對，目
前內部分別做為提供遊客穿著古代
皇服體驗、拍照之處，以及展示皇
宮所使用的珍貴文物，透過這些展
出可以了解當時皇宮生活的樣貌。

閱是堂Duyệt Thị Đường

閱是堂是皇室欣賞戲劇表演的場所，也是現
存最古老的越南傳統劇院，最後一場皇家演出
是在1945年。這個由明命皇帝建於1826年的皇家
劇院，格局方正，藍色的天花板上繪了日、月、星
辰，象徵穹蒼。觀眾席有上下兩層，上層為皇后
嬪妃的包廂，下層則為皇帝和政府官員或接見的
外賓之席。正中央是舞台，舞台的上方有個金色
大型牌位，供奉劇場祖師爺。

從閱是堂有曲徑走廊
通往各皇室寢宮，細心的設計，就是讓大
家可以不受風吹日曬雨打，輕鬆地去欣賞
一場戲劇演出。

太平樓Thái Bình Lâu

太平樓又稱為皇家圖書館，首建於文學造詣頗高的明命皇帝，是皇室成員閱讀與休閒的場所。樓前的方形水池上，以奇岩怪石和植物，極具江南庭園趣味。太平樓是順化京城裡，唯一僥倖在1947年法軍二度入侵順化時，躲過砲火摧殘的建築。

正面11開間的巨大建築裡，供奉了阮朝10位皇帝，只有最後一代的保大皇不在列。

世祖廟Thế Tổ Miếu

位在皇城西南方的世祖廟，是皇城裡最重要的祠堂建築。世祖廟為明命皇帝於1821年所興建造，殿內一列的牌位排開，每個牌位上方有該皇帝的遺像。正中央是嘉隆皇和兩位皇后的牌位，左一和右一分別是明命和紹治及其皇后，左二和右二分別為嗣德與建福及其皇后，左三和右三則是同慶與啟定及其皇后。

DO YOU KNOW

不願向強權低頭的流亡皇帝

細心的人會發現，牌位大致依順序排列，但咸宜、成泰和維新這三位皇帝則在最外側，並未依序排列，因為當時這三個皇帝都不甘心於法國傀儡皇帝，和反法地下勢力合作，反抗法國殖民統治，不幸卻都失敗，並遭到法國政府強押流放海外，因而他們的牌位未被列在世祖廟裡。直到1959年，在越南皇室及人民的要求之下，政府才舉行盛大儀式為他們重新立牌位。

九鼎 Cửu Đỉnh

世祖廟前的大廣場，立了明命皇所鑄的9座大鼎，象徵著阮朝政權。後人以每個皇帝的諡號為鼎命名，並將該鼎移至與世祖廟裡牌位相對應的位置，例如正中央的「高鼎」，便是以嘉隆皇諡號為名，依此類推。雖然9座鼎看來都差不多大小，但其尺寸卻有些許差異，例如「高鼎」高2.5公尺比代表建福皇的「毅鼎」高了有19公分，重量2,601公斤也比同慶皇的「純鼎」多了651公斤之多！經過百年來的風吹日曬，以及砲火不留情的攻擊，這9座鼎仍屹立不搖，見證了阮氏王朝在強權裡掙扎的奮鬥史。

在每座鼎上，刻有17種圖案，如日月星辰、山川海河、動植物海產等，總共有153個圖案，代表越南國家裡的豐富景色與物品。

顯臨閣 Hiển Lâm Các

世祖廟正對面的建築，就是顯臨閣，這是表彰對國家有功的人，死後設牌位奉祀於此。顯臨閣的興建時間與世祖廟相同，格局約略為正方形，樓高3層。因為顯臨閣的地位崇高，所以皇城裡的建築高度，都不得高於顯臨閣。

肇祖廟與太廟 Triệu Tổ Miếu

肇祖廟與太廟是為了紀念阮氏廣南國的奠基者肇祖阮淦和太祖阮潢的祠堂。阮朝是由嘉隆皇所創立，但其前身為鄭阮紛爭時的阮氏廣南國，由肇祖阮淦始建於1460年。為求慎終追遠，明命皇帝設肇祖廟與太廟祭祀之。

鑲瓷藝術 Mosaic Art

屋頂、迴廊上有著吉祥象徵如蝙蝠、竹、梅等圖案，以碎瓷飾之，這些鑲瓷藝術，是順化最引人注目的藝術傑作。鑲瓷作品是以各種不同顏色的瓷碗、瓷杯或花瓶等敲成碎片，組合成一幅幅動人的作品。因為每個碎片都是獨一無二，而看似隨意的組合，卻是工匠殫精竭力所創造而出，絕對舉世無雙。據說，有時為了好的效果，一次就打破好幾噸精美的瓷器。修復後的彰德門，可說是色彩繽紛的鑲瓷藝術之代表，而啟定皇陵裡的鑲瓷作品也很具代表性。

延伸景點

逛完**古蹟**和**博物館**再去**順化最大的市集**，
從文化探索到日常生活。

詩篇斗笠是順化最知名
的特產，在斗笠的葉子間，精巧地排列著順化
重要景點，如天姥寺、順化京城等，但要背著光
線才能清楚看出圖案。

MAP P.121 C2

東巴市場
Chợ Đông Ba

如何前往
從Cầu Trường Tiền橋步行前往約5分鐘

info

📍Trần Hưng Đạo ⏰7:00~18:00

🔗chodongba.com.vn

　位在東城門附近的東巴市場，自古便是
香江岸重要的貨品集散地，但原址不在
這裡，1885年一場大火燒了舊市集，1887
年同慶皇帝下令重建，後來成泰皇帝又於
1889年將其遷到現址。便利的交通地位，
使東巴市場屹立數百年。

　東巴市場是採買伴手禮的最佳的去處，
順化的名產包括詩篇斗笠、刺繡、蝦醬、
魚露……，如果你的膽子夠大，腸胃夠健
康，也可以在東巴市場裡試試著名的順化
小吃，如蜆飯、牛肉河粉、酸蝦、豆沙糕，
或是順化有名的五色糕等。

市場一樓以醬料、水果、米粉、糖果、醃漬品等食品為主，也有部分攤位是賣包包、手飾等，來到樓上則是日常用品，如衣服、布料及包包。

出了東巴市場建築，四周是菜市場還有整條的理髮廊，可以見識到最在地的生活風情。

福緣塔這座高21公尺的7級浮屠呈八角形，每層代表佛在人世的一種化身。

改變越南歷史走向的大事件

大雄寶殿內有個房間供了台水藍色的迷你奧斯汀汽車，這是紀念一個關於佛教徒抗議打壓的事件。1963年，高僧釋廣德為抗議吳廷琰崇奉天主教、打壓佛教，以自焚表示抗議，他自焚的照片被記者拍下，勇敢對抗暴政的形象深入人心，讓吳廷琰政權大失民心，導致後來被政變推翻，這台汽車便是當時釋廣德前往自焚時所搭乘的。

大雄寶殿的後方是僧侶們上課、學習的地方，在早、晚課時分，可看見僧童專心地誦經做早晚課。

福緣塔的右側是由靈龜馱著的大石碑，石碑內容大致為祈求王朝興榮繁盛。

MAP
P.136
A1

天姥寺
Chùa Thiên Mụ

如何前往

騎車從京城前方，與香河平行的Lê Duẩn路往西直走就可抵達

info

🏛 距離順化京城約4公里

🕐 8:00~18:00

聳立於順化城西郊，香江北岸的天姥寺，是順化的地標建築。天姥寺始建於西元1601年，據說是因為阮氏王朝的始祖阮潢，聽聞了一個傳說：有個身穿紅襖的老婦，曾預言將有明君來此，興建塔寺供佛，以求萬世太平。阮潢於是在此建寺供奉，命名為「天姥寺」。

天姥寺可分為前、後兩大區塊，前區包括了造型優美的福緣塔，由紹治皇帝於1844年所興建，福緣塔的左側是座重達2,052公斤的大鐘，每逢初一和十五會響起，據說響亮的鐘聲在10公里外都可聽聞。

穿過山門來到祭祀的中心：大雄寶殿，內供過去、現在和未來三世佛，其中最醒目的是那座塗金的未來佛——彌勒佛。

皇家鬥獸場
Ho Quyen
MAP P.136 A1

皇室觀賞席

大象入口

皇家鬥獸場圖

虎豹欄

皇室觀賞席　大象入口

如何前往

騎摩拖車可以從市中心Lê L i往西直走，過了要前往嗣德皇陵的的Huyền Trân下一條巷子Kiệt 373左轉，往前騎一小段，即可抵達，距離順化京城西南方約4公里處。

info

⊙373 Bùi Thị Xuân, Phường Đúc

⊙免費，但只能在圍牆頂觀看，不能入內

　　這裡上演的不是猛獸與人的鬥爭，而是體型巨大的象與兇猛虎豹之間的纏鬥，為阮王朝皇室成員和官員所喜愛的一種娛樂。

　　這座圓形的鬥獸場是由明命皇帝建於1830年，以磚和灰泥建造而成，直徑44公尺，4.5公尺寬、5.8公尺高。

　　根據傳統，皇帝每年會舉辦兩次虎象鬥。其實這是一種政治宣傳手法，在比賽前，虎豹的尖牙和爪子都被去除，而大象被餵得十分精實，勝負高下其實很容易就看出來。因為大象為皇族之象徵，而虎豹被視為反抗皇帝之勢力，因此虎象鬥所代表的意義是：反對皇帝之勢力終將被消滅。最後一次的虎象鬥於1904年，成泰皇帝在位時所舉辦。鬥獸場現在也在世界遺產的保護之列。

鬥獸場有兩個入口，面向南方的樓梯專供皇帝和皇室成員使用，士兵和一般民眾則只能從另一個樓梯，也就是現在可參觀的出入口進出。

皇帝席位正對面的牆邊設有5個虎豹欄，虎豹欄的設計為上窄下寬，以免猛獸直接爬牆而上。

皇帝席位右側則是座高3.9公尺的大門，為大象的出入口。

受到宮廷料理影響的特別口味，體驗皇室的精緻美食。

Hanh Pancake

越南料理

must eat!
越式米煎餅
Bánh Khoái
35,000越盾
推薦菜

 11-13-15 Pho Duc Chinh

知名的人氣老店，找不到餐廳時，問附近的店家都會知道這間餐廳，店內代表菜色就是順化菜式香茅烤肉捲(Nem Lụi)，吃法是先將烤豬肉捲及蔬菜，用米紙包起來，再蘸著帶花生味的特製醬料一起吃，一份只要7萬越盾。

另外，還有越式米煎餅(Bánh Khoái)也值得一試，將厚厚的煎餅包著餡料，再加入醬料一起享用，絕對是令人讚嘆的美味。除了主菜，甜品也非常特別，不妨試試店家自製的優格加上水果，風味獨特。

⚑P.121C2 ☎358-306-650 ⏰10:00~21:00 💲主菜約在30,000~90,000越盾

順化風味與宮廷料理

順化料理的口味在越南十分特別，可能是因為順化的地理環境與占婆帝國接壤，口味受其影響而顯得較為鹹辣，例如越南到處都有的河粉，就只有順化牛肉河粉 (Bún Bò) 的口味偏辣。同時，身為王朝首府，皇室御膳府每年從各地挑選廚師，為皇室帶來新口味，因而順化宮廷美食在這得天獨厚的環境下，發展日益精緻，每道菜至少有數十樣原料，強調口感的協調，同時也講究菜色的整體呈現。可惜的是，隨著皇室退出歷史，以及現代史裡不間斷的大小戰爭，這樣的美食藝術已快失傳。幸好，近年來拜觀光發展之賜，精緻的宮廷飲食藝術，又重現江湖。

Family Home Restaurant
越南料理

萍餅 Bánh Bèo 70,000越盾 推薦菜

 11 Kiệt 34 Nguyễn Tri Phương

順化的美食獨特又十分精緻，幾乎每間餐廳都有代表的順化料理可點，Family Home Restaurant是自家改裝的餐廳，一進門還可以看到店家供奉的神桌。老闆娘非常熱情，對每個人都仔細介紹餐點及吃法，還會不時詢問旅客需求，而餐廳大廚就是老闆娘的母親，味道清淡爽口。老闆娘推薦的菜色包括萍餅(Bánh Bèo)，這是順化宮廷料理的一種，用小碟子裝盛類似碗粿的美食，再加上蝦仁、蔬菜，中間放卜魚露蘸醬，異別的城市吃不到的羊味。店內餐點細緻，分量也不大，不妨再試試越式米煎餅(Bánh Khoai)或是順化米粉配著烤豬肉、沙拉一起品嘗，也都非常對味。

P.121C2　(234)382-0668　8:00~21:30　順化特色餐式60,000~130,000越盾

Cafe on Thu Wheels
越南料理

越式米煎餅 Bánh Khoái 49,000越盾 推薦菜

 3 Kiệt 34 Nguyễn Tri Phương

這間不起眼的店面，位在Nguyễn Tri Phương巷子裡，這條小巷子開滿餐廳、飯店，其中不少間都是旅客非常推薦的。這間餐廳由老闆娘李小姐經營，住家就位在餐廳樓上，供應越式傳統咖啡及啤酒、餐廳等，這裡同時也是受到背包客歡迎的旅行社，牆上寫著滿滿遊客的留言，關於順化各式行程以及車票問題，她都會細心解說。餐廳一旁是摩托車出租店，旅客需要的各種服務，在這條巷子都可以搞定。

P.121C2　76-842-6215　8:00~21:30

Nina's Cafe
越南料理

牛肉河粉 65,000越盾 推薦菜

 16 34 Nguyễn Tri Phương

從小巷走到底，溫暖的黃色光線從巷底透出來，這裡就是旅客評價極高的Nina's Cafe，餐廳提供不少素食菜色，服務生也非常熱情。餐廳內不但有紀念品販售，還有推出烹飪課程，順化料理很受歡迎，如果想要學幾道菜式回去，不妨參加店裡的行程，可以選擇要到哪個市場採買食材以及想要做的菜式，接著由廚師帶著一起到市場採買，回來再由廚師教你怎麼做菜，有興趣記得事先預約。

P.121C2　0905-445-189　8:00~22:00　主菜約在95,000~130,000越盾　ninascafe.wix.com/huecafe

王牌景點 6

香江乘船輕鬆遊，探索清幽、壯麗的順化皇陵。

 MAP P.136

順化皇陵
The imperial tomb of hue

順化皇陵圖

- **A** **B**
- 順化京城
  Kinh Thành Huế
- **1**
- 天姥寺
  Chùa Thiên Mụ
- 胡志明博物館
  Bảo Tàng Hồ Chí Minh
- **1**
- 皇家鬥獸場
  Ho Quyen
- 嗣德皇陵
  Lăng Tự Đức
- 玉蘸寺
  Điện Hòn Chén
- La Pines
- 紹治皇陵
  Lăng Thiệu Trị
- **2**
- 明命皇陵
  Lăng Minh Mạng
- 啟定皇陵
  Lăng Khải Định
- **2**
- 嘉隆皇陵
  Lăng Gia Long
- **A** **B**

　阮氏王朝將京城建在順化，共有6位皇帝也將陵墓建在離京城不遠處。這些皇陵分布在京城南邊、香江兩岸的山丘上。各個皇陵的格局和建築形式都大同小異，受到中國明清的皇陵建築影響頗深。每個陵寢都有祭奠設施、院落和園林，並注重風水和環境。不過這些皇陵因為建築的規模龐大，當初建造時動員了大量的人力和物力，引起了百姓的不滿。

　如今這些環境幽美、建築典雅的皇陵已經成了順化的熱門景點，搭乘遊船沿著香江順流而下，一一拜訪這些皇陵是最受歡迎的方法。

造訪順化皇陵理由

1 氣派、恢弘的**明命皇陵**

2 **嗣德皇陵**典雅的江南水鄉式園林

3 精美奢華的**啟定皇陵**

利用聯票

嗣德、啟定、明命三皇陵聯票，成人150,000越盾，優待票30,000越盾。三座皇陵加上順化京城的四地聯票，成人530,000越盾，這兩種聯票效期都是兩日內有效。

搭乘遊船

順著香江沿途參觀皇陵是最聰明的選擇！行程非常多樣，可以單點來回或是選擇一整天的行程，價格從5美金到20美金都有，依搭乘船型的等級、大小以及停留地點而有不同。

嗣德皇陵是其中規模最大的，整個園區內有超過50座大小建築，還有景觀水池。

至少預留時間
自由參觀任一皇陵：1小時
參觀所有皇陵：1天

Do you Know

既是行宮又是陵墓，皇帝生前死後都住這？！

在參觀皇陵的時候許多人可能會好奇，這麼多美輪美奐的附屬建築是給甚麼人使用？首先，順化皇陵是模仿中國明清的皇陵建築而建，中國自古有「事死如事生」的傳統，因此會將陵寢建得如皇宮一般。其次，有的建築是為了讓以後的皇帝前來祭拜時可以好好地休息。

嗣德皇陵則是其中最特別的，嗣德皇陵在皇帝去世前16年就落成，因此被皇帝當做行宮來使用。

明命皇陵仿照朱元璋的孝陵而建，比起其他皇陵更端莊大氣。

啟定皇陵是保存最完整且藝術價值最高的，中西合璧的建築風格既特別又華麗。

從江南水鄉式庭院到中西合璧的風格，
欣賞風格多樣的皇陵建築。

碑銘亭裡的巨大墓誌銘石碑是由嗣德皇親自撰寫，反省自己一生的功業。

嗣德皇陵
Lăng Tự Đức

嗣德皇在位35年，是阮朝在位最久的皇帝，他在位的時期可說是內憂外患不斷，或許也是這原因，他興建了嗣德皇陵為行宮，優美浪漫的環境，正是逃避煩擾世事的最佳去處。

嗣德皇於1864年下令興建陵寢，主要的建築在1867年完工。他把這裡當成行宮，稱為「謙宮」：裡面大大小小約50項建築，都以謙字為名。嗣德皇去世後這裡改稱「謙陵」。謙陵可大致可分為祭祀和陵墓二大區塊，祭祀區以良謙殿(Lương Khiêm Điện)為中心，良謙殿後面是溫謙堂(On Khiêm Đường)，存放皇家御用品。而陵墓區則以碑銘亭(Nhà Bia)為中心，穿過一個小人工湖就是嗣德皇帝之墳。而繼承皇位的義子建福皇帝，因在位不到1年的時間，來不及興建陵墓，便葬於嗣德陵墓的東北邊上。

嗣德皇陵可說是順化皇陵的代表作，點綴在小橋流水間的亭台樓閣，恬靜幽雅，處處反應了嗣德皇帝的文人素養。

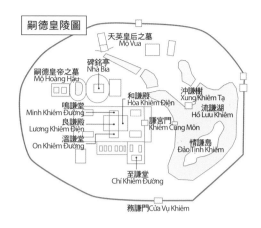

嗣德皇陵圖

天英皇后之墓
Mộ Vua

嗣德皇帝之墓
Mộ Hoàng Hậu

碑銘亭
Nhà Bia

和謙殿
Hòa Khiêm Điện

沖謙榭
Xung Khiêm Tạ

鳴謙堂
Minh Khiêm Đường

流謙湖
Hồ Lưu Khiêm

良謙殿
Lương Khiêm Điện

謙宮門
Khiêm Cung Môn

溫謙堂
On Khiêm Đường

情謙島
Đảo Tịnh Khiêm

至謙堂
Chí Khiêm Đường

務謙門 Cửa Vụ Khiêm

🚗P.136A1 🏍騎摩拖車可以從市中心Lê Lợi往西直走，到了Huyền Trân轉往南，在看到嗣德皇陵的指標左轉後，不久即可看到嗣德皇陵在左手側 📍位於香江南岸，距順化城10公里處 🕖7:00~17:30

💲全票100,000越盾，或是購買嗣德、啟定、明命三皇陵聯票，成人150,000越盾、優待票30,000越盾。三座皇陵加上順化京城的四地聯票，成人530,000越盾。

進入陵墓區前的走道兩旁擺放著文武百官和動物的石像，重現皇帝的排場。

良謙殿左側的鳴謙堂(Minh Khiêm Đường)，則是越南保存最古老的戲院之一。

良謙殿也是嗣德皇帝的辦公處，嗣德去世後則設牌位祭祀皇帝的母親。

順化：順化皇陵

流謙湖
Hồ Lưu Khiêm

這個湖讓嗣德皇陵充滿了江南水鄉風情。據說嗣德皇最喜歡在流謙湖上悠閒地划船，偶而上到湖中央的情謙島(Đảo Tịnh Khiêm)上打個小獵，累了就在沖謙榭(Xung Khiêm Tạ)裡休息、吟詩作賦。

有志難伸的文人皇帝：嗣德皇

嗣德皇並非長子，而是被認為身受儒家良好教養，必將成為好皇帝。然而嗣德皇登基後，懷恨在心的長子與歐洲傳教士勾結叛亂，不過最後叛軍的行動失敗。除了內亂，嗣德皇還必須面對外患：他尊奉儒家道統，禁止天主教在越南傳教，因此得罪法國。1861法國攻擊峴港，越南戰敗，於次年簽訂《西貢條約》，割讓西貢及附近地區。1873年法國再度侵略，嗣德皇於是向清廷求救，在劉永福所領導的黑旗軍協助下，擊敗法軍。1883年法國第三度侵略，這次法軍順利攻進順化，而嗣德皇此時正好駕崩，次年越南承認法國為宗主國。因此，嗣德可說是最後一位擁有越南獨立主權的皇帝。

有此一說～

其實嗣德皇的墳只是衣冠塚？

當嗣德皇駕崩時正值法國勢力大舉入侵越南，越南國內局勢混亂，繼任的皇帝無暇替嗣德皇舉行下葬的儀式，於是先行替嗣德皇在皇陵安了衣冠塚，並將他的遺體先秘密葬在其他地方，為了保密甚至將知情的工人滅口。沒想到局勢混亂到短短1年內就換了3個皇帝，時間一長嗣德皇真正的葬身之處就成為了一個謎團。

嬪妃祭堂
Chí Khiêm Đường

嗣德皇陵裡有好幾處嬪妃的祭堂，如至謙堂(Chí Khiêm Đường)和宜謙堂。據說嗣德的嬪妃多達104人，並非嗣德為好色之人，而是因為嗣德一直無法生兒育女，在當時不孕一定是女人的問題，所以他只好一而再，再而三地換過不同的妃子。後人推測，應該是嗣德皇曾染天花而導致不孕。

陵墓區
Mộ Vua

陵墓區的重點是碑銘亭，裡面有座重達20噸的石碑，是越南全國最重的一塊碑了，而且還必須從500公里遠的地方拖送過來，為此就花費了4年的時間，也難怪嗣德在位後期，很不得民心。而嗣德皇因為膝下無子，必須為自己寫了墓誌銘，也就是這碑上4,935個漢字的《謙宮記》，這是嗣德皇帝對自己人生的回顧。在碑亭前的廣場上，有兩排文武官雕像，每個人的神貌與服飾都不同，十分生動。

141

明命皇陵
Lăng Minh Mạng

明命皇是阮王朝的第二任皇帝，嘉隆皇的次子，後來太子因病去世，他才得以繼承皇位。明命皇在位時算是阮朝的盛世，用心於基本建設，因而甚得民心。他本身也是個善長詩賦的才子，但因為獨尊孔孟，對天主和基督教採取較嚴格的隔離政策，也埋下了日後與歐洲強權衝突的導火線。

明命皇帝在1840年才下詔為自己興建陵寢，但隔年即駕崩，繼任的紹治皇帝依先父的計劃修建陵寢，並下令加緊趕工興建，直到1843年初才完成，完工後為之命名為「孝陵」。孝陵呈橢圓形，周長約2,000公尺，以3公尺高的圍牆與外界隔絕，裡面的建築共約40座。

🔵P.136A2 🔵最近的一條路是從市區的Điện Biên Phủ路往南走，過了Lê Ngô Cát路的右前方有條Minh Mạng路，直走會先經過啟定皇陵，再順著路往前，過橋即可到明命皇陵。從嗣德皇陵出來後順著公路直走也可以，但必須注意過右方的橋，因為明命皇陵在香河的西岸

🔵在順化市中心的西南方約12公里處 🔵7:30~17:00 🔵全票100,000越盾，或是購買嗣德、啟定、明命三皇陵聯票，成人150,000越盾，優待票30,000越盾。三座皇陵加上順化京城的四地聯票，成人530,000越盾。

相較於嗣德皇陵溫婉的江南水鄉式建築，明命皇陵有著北方園林的大器格局。

整個陵墓占地遼闊，穿行於巨木林中，依山傍水，環境清幽，令人心曠神怡。

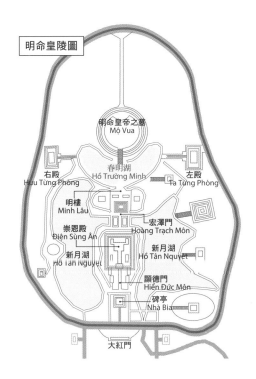

明命皇陵圖

明命皇帝之墓
Mộ Vua

右殿
Hữu Tùng Phòng

春明湖
Hồ Trường Minh

左殿
Tả Tùng Phòng

明樓
Minh Lâu

崇恩殿
Điện Sùng Ân

宏澤門
Hoàng Trạch Môn

新月湖
Hồ Tân Nguyệt

新月湖
Hồ Tân Nguyệt

顯德門
Hiền Đức Môn

碑亭
Nhà Bia

大紅門

孝陵的大門有3個入口，分別是大紅門、左紅門和右紅門。大紅門只有在皇帝忌日時打開，參觀時必須從右紅門進，左紅門出。從右紅門進入後不久，即可看到兩列文武官雕像，以及御用的馬、象。從這裡就可看到碑亭，碑文是由紹治

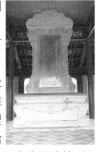

**碑亭
Nhà Bia**

皇帝執筆，書寫其父之生平功績。裡面的詩文是越南19世紀的傑出文學代表作。

**祭祀區
Worshiping Area**

祭祀區從顯德門(Hiền Đức Môn) 開始，以崇恩殿 (Điện Sùng Ân) 為中心，內供奉明命皇帝及皇后。穿過傳道橋即到達明樓 (Minh Lâu)。這裡每段橋都有3座，中間座為皇帝專用。明樓是座兩層樓八重簷的建築，位在3階平台上，這平台象徵了天、地、水，3種大自然的力量。

**陵墓區
Bửu Thành**

從明樓穿過春明湖上的橋，即到達陵墓區，由高牆圍起的圓形區域，裡面安息著明命皇帝，墓旁伴著多棵蒼鬱的巨松，但平日大門深鎖，不對外開放。

143

紹治皇陵
Lăng Thiệu Trị

紹治皇陵的建築損壞嚴重，因此來參觀的遊客較少。

　　紹治皇帝在位只有7年，在還來不及為自己興建皇陵時，就於1847年因急病去世。繼位的嗣德皇帝依遺囑為其建造陵墓，只花了10個月的時間即竣工。繼承明命皇帝的治理風格，紹治也是對西方宗教很有戒心，1847年與法國軍隊發生衝突，於是下令驅逐境內所有的歐洲傳教士，只是還未曾被實行，紹治就駕崩了。

　　位置比較偏僻的紹治皇陵，規格型制與其父親明命皇帝十分類似，只不過省略了中間明樓一段。這裡不像明命和嗣德皇陵那般美侖美奐，卻有一番清幽脫俗的美，適合在傍晚時分騎摩拖車前來。

◎P.136B2　◎從嗣德皇陵出來，回到與香河平行的大馬路往南走，第1個路口左轉進去就是紹治皇陵　◎距離市中心約8公里，在嗣德皇陵南方約1公里處　◎7:00~17:00　◎50,000越盾

從碑亭、祭廟穿過兩個半月湖就是墓地的大門。

較特別的是這裡沒有圍牆，有可能是嗣德皇帝認為以四周自然的丘陵和河川為屏障，更適合其父親的風格。

順化：順化皇陵

啟定皇陵
Lăng Khải Định

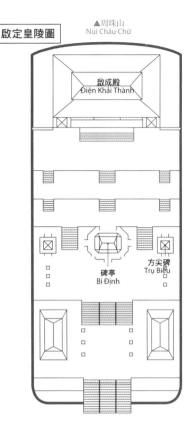

啟成殿
Điện Khải Thành

方尖碑
Trụ Biểu

碑亭
Bi Định

　　位在優美的周珠山上的啟定皇陵，面積不大，長寬僅約117和48.5公尺，規模遠遠不及嗣德皇陵和明命皇陵，卻十分的精緻，而且建築風格融合了歐亞元素，極具藝術價值。

　　啟定是阮氏王朝最後一位皇帝保大皇的父親，1885年即位。在以儒學為主的傳統派與法國殖民體系拉扯的現實中，啟定的態度較為親法，曾於1922年造訪法國。他頒定許多新法，限制反法勢力的擴張，引起許多民族主義者不滿，加上他在1920年，下令增加稅賦，只為新建其陵寢，因此他在國內得到的評價多半為負面。

🏛P.136B2　🚗從市區的Điện Biên Phủ路往南走，過了Lê Ngô Cát路的右前方有條Minh Mạng路，直走即達　📍距順化市中心約10公里的朱字山坡上　🕐7:00~17:30　💰全票100,000越盾，或是購買嗣德、啟定、明命三皇陵聯票，成人150,000越盾，優待票30,000越盾。三座皇陵加上順化京城的四地聯票，成人530,000越盾。

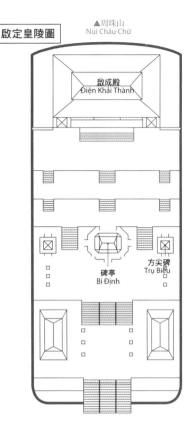

啟定皇帝於1925年因肺結核去世，享年40歲，而陵墓直到1931年才完工。

　　據說為了興建皇陵，啟定皇帝特定派人前往法國採購鋼鐵、水泥、彩色玻璃。前往日本和中國購買陶瓷等建築原料。

145

碑亭
Bi Định

建在山坡的這座陵墓，共有127層階梯。來到碑亭前的廣場，照例有兩排文武官員列隊，不過仔細瞧瞧，這些雕像比其它皇陵的雕像多出6對，這是啟定皇始設的貼身禁衛軍。這座碑亭建築有著傳統的飛簷，卻以鋼筋水泥建築而成，融合了歐式的拱門和廊柱之特色，不論廊柱或屋頂上的龍飾，均十分精緻動人。而碑亭附近的十字狀圍籬，更是十足的歐洲風格。

第一段階梯上的欄杆是從頂端俯衝而下的龍形雕飾，十分華美。

碑亭內立著一塊石碑，上面題滿了字，是保大皇帝悼念其父啟定皇的追思文。

有此一說～

過著奢華生活的美男子

啟定帝的相貌十分俊美，他對生活十分講究，尤其是服裝儀容，他每天早晨梳洗後一定要化妝才願意露臉，對穿著打扮也很用心，外界普遍認為他是同性戀。晚年為了興建豪華的陵寢又替百姓加稅，偏偏當時的越南人民在內憂外患下苦不堪言，皇帝既向外國勢力低頭，又過著奢華享受的日子，因此民怨四起。

啟成殿
Điện Khải Thành

啟成殿是啟定皇陵最重要的建築,既是祭壇也是皇帝葬身之處。牆上滿是以玻璃和陶瓷鑲嵌而成的圖案,多半象徵福與長壽,是越南鑲瓷藝術的登峰造極之作,天花板上則畫了九龍隱雲的圖案,象徵仙逝的皇帝。

啟成殿左側的小房間裡,展示了啟定皇在位時期的桌椅及寶劍等。

內室裡有座啟定坐在龍椅上的等身銅像,全身貼滿金箔。

啟定的銅像上方有張飾滿珠寶的寶傘,看起來宛如絲綢製成,其實是重達1噸的鋼筋水泥,裝潢設計精巧細緻得令人嘆為觀止。

147

從順化出發的
小旅行

順化周邊圖

洞海
●Đồng Hới

DMZ非軍事區圖 ●

順化 Huế

中 越除了順化、會安、峴港等幾個沿海城市外，最著名的觀光區就是峰牙－己榜國家公園了，這裡有峰牙洞、天堂洞等因溶蝕作用形成的奇景。最多人選擇的路線是從順化前往洞海，再參加當地旅行社安排的行程。此外**DMZ**非軍事區也很值得參觀，這裡保存了許多越戰留下來的遺跡，包括了美軍和北越的基地、裝備等，是了解那段歷史很好的教材。整個非軍事區範圍很大，因此一樣建議參加旅行團或是可以包車前往。

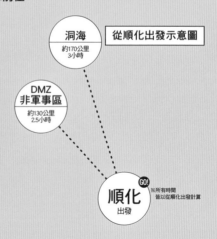

從順化出發示意圖

洞海
約170公里
3小時

DMZ
非軍事區
約130公里
2.5小時

順化
出發

GO!
※所有時間
皆以從順化出發計算

去一趟車程才2小時，半天或一天遊時間都剛剛好

當天來回的行程

雖然戰爭的硝煙已遠去，可是戰爭時留下無數的炸彈，至今仍危害著越南，所幸這裡有來自各國的志工進駐，協助在地人清除炸彈。

DMZ非軍事區圖

推薦1
距離順化
位於順化北方距離約90公里
搭乘火車路程
約2.5小時

市區交通
DMZ非軍事區範圍廣大，前往各景點需要包車，或是參加當地旅行社的一日遊。

遠眺越戰時期美軍的重要據點岩堆山（The Rockpile）。

MAP P.148

DMZ非軍事區
Demilitarized Zone

如何前往

從順化開車約需2小時車程

❶ 可在當地參加一日遊行程，費用約為每人20~30美金，不過有些旅行團不會詳細講解，甚至在賢良橋只是經過而不停下來參觀，建議多做比較，或是兩、三人湊團，參加包車附導遊的小型團，半天行程一車約70美金，全天行程約100美金，景點門票自付，參觀的點會比較多。

1954年，日內瓦會議決議以北緯17度為界線，將越南分割為北越及南越，並在中間設置非軍事區域，禁止雙方從事軍事活動，範圍為沿著邊海河兩岸各2公里，一直延伸到寮國邊界。這條界線一直到越戰結束才消失，現在則成了受遊客歡迎的觀光勝地。

當地推出的DMZ非軍事區旅遊行程包

戰爭時用來運送物資的胡志明小徑（Ho Chi Minh Trail），只是如今已建成寬闊道路，還立了一塊紀念碑。

行程最後會在長山國家烈士陵園（Nghĩa trang Liệt sỹ Quốc Gia Trường Sơn）結束。

括了國道1號及9號的景點，也可以選擇參加半天的國道1號行程。全天的行程以DMZ非軍事區及外圍的重要景點為主，包括曾經協助胡志明對抗美軍的不知名越南村落、象徵南北越分裂的賢良橋(Cầu Hiền Lương)和美軍基地等。

① 賢良橋
Câu Hiền Lương

賢良橋是位於DMZ非軍事區內，一座跨越邊海河的橋梁，邊海河就是南北越分治期間劃下的17度線界河。賢良橋建於法國殖民時期，橋長198公尺，後來在戰爭時被美軍炸毀，如今是重建後的模樣，橋身被黃、藍兩色分成一半，這是越南國土被分割的代表色。
⊙P.149

岸邊有座母親牽著孩子等父親歸來的雕像，訴說著戰爭的無情。

Do you Know

一點都不和平的非軍事區

非軍事區(de-militarized zone)是軍事上的術語，一般出現在對領土有糾紛或是因其他原因導致情勢緊張的兩個國家之間，為了避免擦槍走火，非軍事區就是讓兩邊都不得動武的緩衝區。不過在這裡參觀一定會有個疑問，怎麼非軍事區內都是軍事行動留下的痕跡呢？原來越戰爆發後，美軍認為北越透過非軍事區內的胡志明小徑運送物資，因此大規模空襲這個地區。南北越間的非軍事區在越戰結束後即隨著國家統一而消失，至今仍存在的非軍事區中最出名的就是南北韓間的北緯38度線。

同場加映：從順化出發的小旅行

2 榮莫克隧道
Địa đạo Vịnh Mốc

這裡是越南人民為躲避越戰所挖掘的地道，總共分3層，建於1966年，隧道總長約2公里，每當有炸戰來襲，超過90個家庭就躲到裡頭。到了1972年隧道的規模越來越大，甚至出現了廚房、醫護室、工作場所等多種機能，當上頭炸彈無情地落下，他們就在地底持續生活、工作。

隧道內部仍保持原樣，只有微弱的燈光指引方向，由導遊帶遊客前進，分別從不同的入口進入。居民在地底挖出一間間的隔間，有守衛室、會議室、武器室、浴室及醫護室等，還有幾口水井，幽暗的地底，只有簡陋設備，可以想見當時生活有多艱辛。

📍P.149 🏠Thôn, Vịnh Mốc, Vĩnh Linh, Quảng Trị ☎(233)3823-238 🕐7:00~17:00 💲全票50,000越盾

隧道旁設有展示館，可以先到這裡參觀，對當時的情形先有初步了解，裡頭陳列的物品包括人們開鑿時所使用的器具、生活用具還有武器等。

其中一個出口出去是面對南中國海的海灘。

隧道中有許多重現當時情境的佈景。

如今溪生基地仍遺留著當時美軍的飛機殘骸、作戰坑道等，猶如越戰電影場景般。

遺址上設有一間小型博物館，展示作戰時的武器、用具，貼滿牆面的戰爭照片，顯示當時戰況的激烈。

3 溪生基地遺址
Khe Sanh Combat Base

溪生是越戰時期美軍著名的基地之一，1968年慘烈的溪生戰役在這裡發生，這場戰役是越戰初期雙方最大規模的一次衝突。美軍被有兩倍優勢兵力的北越軍圍困在這裡數個月，經過77天的激戰後在投下數萬噸的炸藥及連續炮火掩護中終於成功突圍，雙方都認為在戰役中達到了戰略目標，美軍讓北越付出了大量傷亡的代價，而北越則取得了這個戰略價值極高的基地。然而無數的美國、越南士兵還有更多的平民，就喪命在戰役中，令人不勝唏噓。

📍P.149 🏠Tân Hợp, Hương Hóa 🕐7:00~17:00 💲成人50,000越盾

當天來回時在太趕，不如乾脆留宿一晚

推薦1
距離順化
位於順化西北方
距離約170公里
搭乘火車路程
約3小時

MAP
P.148

洞海
Đồng Hới

如何前往

◎飛機：機場位於洞海市區北方6公里處，從胡志明可搭越南航空、越竹航空或越捷航空前往洞海。

◎火車：從順化搭火車約需3、4小時。火車站離洞海市區約3公里，搭計程車約50,000越盾。

◎巴士：從順化搭乘巴士前往洞海，車程約5小時。

洞海市是廣平省省會，鄰近峰牙一己榜國家公園，因為世界最大的鐘乳石洞窟在這裡被發現，而為這個小城帶來不少觀光客。

○ **市區交通**
洞海市區車子不多，非常適合租摩托車旅行，一天大約150,000~200,000越盾。油資自付。前往峰牙洞和山水洞建議參加旅行社的套裝行程。

遊客最常造訪的包括第一個開放的峰牙洞(Dộng Phong Nha)、壯闊的天堂洞(Độ Đường)，還有可以玩高空滑索、洗泥漿浴的黑洞(Hang Tối)等，絕對都是不可思議的夢幻美景。遊客參加洞窟的行程，長短天數應有盡有，可依照喜好、停留天數做選擇。

除了國家公園鬼斧神工般的奇景，鎮內還有壯闊的沙丘、度假沙灘以及不同時期遺留下來的古蹟，更棒的是這個小鎮仍保持原始純樸風貌，值得細細品味。

因為洞海鄰近南北越邊界，越戰時曾遭受到猛烈攻擊，尤其1965年的戰事，炸毀了城市的大部分，當時炸毀的教堂，如今被留下來作見證。

同場加映：從順化出發的小旅行

若是不易到達的行程，將由導遊帶領，穿越叢林、山谷，一段刺激的探險也在這裡展開。

洞海機場
A 廣富沙丘
Cồn Cát Quang Phú

B

洞海全圖

Cao Thắng

1 **1**

日麗海灘 南海
Bãi Biển Nhật Lệ Biển Đông

*往風雅洞、天堂洞方向

Trương Pháp

Lý Thường Kiệt

Hữu Nghị
Tân Quang Khải
Đồng Hải

Nam Kỳ

保寧海灘
Bãi Biển Bảo Ninh

2 譚東亞教堂遺址 Cầu Nhật Lệ **2**
Chứng tích Nhà thờ Tam Tòa

火車站 Trần Hưng Đạo Mother Suot
英雄雕像Mẹ Suốt
Nguyễn Du
東門
Hương Giang
Quang Trung 日麗江
洞海市場Dong Hoi Market Sông Nhật Lệ

廣平關
Nhật Lệ Quảng Bình Quan

A **B**

① 峰牙洞
Dộng Phong Nha

峰牙一己榜國家公園裡有超過300座的洞窟，當地政府也一直在開發新的洞窟，峰牙洞是最早開發、也是知名度最高的一座，其規模十分巨大並具有已知最長的地下河流，整個洞穴全長超過7000公尺，包含了14個溶洞，至今仍有未被探測過的部分。峰牙洞最早被發現於1899年，在越戰時期曾被當成北越軍隊的醫護站並藏匿設備，事實上在國家公園的洞窟，有許多在當時也被用於軍事用途。
🗺P.153 🚗距離洞海市區約45公里 💲成人150,000越盾，船資每船550,000越盾(最多可坐12人)。峰牙洞加天堂洞一日遊每人大約1,050,000越盾，含車資、船資、門票及午餐等。參加峰牙洞4.5公里行程，每人1,700,000越盾，最少需2人參加。另外也有峰牙洞下午的遊程可選。 ◐夏季7:30~16:30；冬季7:30~16:00 🌐phongnhatourism.com.vn

同場加映：從順化出發的小旅行

乘船進入

進入峰牙洞會先搭乘小船，航行在松河(Son river)河上，船程約半小時。此時自然原始山景一攬無遺，兩岸是居民生活的聚落，孩童們就在河邊嬉戲，看見遊客還會友善的回應，一副與世無爭的模樣。

可以在回程中參觀洞口外不遠處的峰牙谷祠。

風雅洞口

河流一直延伸到峰牙洞裡，接著進入由大自然力量形成的隧道。在洞口處，船伕還會貼心地先將遮陽的船蓋收起，以便進入洞穴時能將已存在億萬年、形成各種驚人的鐘乳石奇景盡收眼底。

水路及陸路景觀

峰牙洞裡分為水路及陸路路段。洞內一路都打上彩色燈光，可見各種奇形怪狀的鐘乳石，如佛陀、獅子等，一般遊客約參觀洞內1公里的範圍。在1.2公里之後洞裡沒有架設燈光，若想要探訪更原始的洞窟面貌，必須參加由導遊帶領的4.5公里行程。回程時遊船將停在半路讓遊客下船，走一段陸路的峰牙洞，近距離接觸這座神祕洞穴，從這裡再步行回到洞口。
若遇到九月至隔年一月的雨季，河水上漲會淹沒洞口，需在峰牙洞口下船步行前往洞內，也就是只欣賞洞內陸路景觀了。

② 天堂洞
Động Thiên Đường

天堂洞位於森林裡，很難想像穿過這座森林，裡頭就隱藏著如此壯觀的洞窟。最早是由當地農民所發現，後來英國洞窟研究協會於2005年進入研究探勘，一直到2010年才對外開放參觀。這個洞窟形成於4億年前，總長31公里，包含超過18座洞穴，遍佈無數的巨大鐘乳石及石筍。洞窟最高處約200公尺、寬約150公尺。

天堂洞整段行程都鋪有木棧道，一到洞口，就能感受一股涼風迎面吹來，全年溫度約在21度左右，夏季來此備感舒適。進入裡頭一開始就是一段直接深入洞窟底部的階梯，愈往內部深部，愈能見到令人屏息的夢幻美景。

📖P.153　🚗天堂洞距離洞海市區約63公里　💲成人250,000越盾，7公里探索行程2,000,000越盾，至少2人成行；電瓶車：4人座單程60,000越盾、來回100,000越盾，6人座單程90,000越盾、來回150,000越盾；停車費：摩托車5,000越盾，汽車15,000~20,000越盾。也可參加峰牙洞加天堂洞一日遊，每人大約1,050,000越盾，含車資、船資、門票及午餐等。　🕐夏季7:00~16:30、冬季7:30~16:00　❗夏季參觀人潮眾多，最好安排上午進入。　🌐www.dongthienduong.com

進入景區後，需要步行一段距離才能來到洞口，也可付費坐一段電瓶車，在最靠近洞口的地方下車。

鐘乳石的樣貌百態，有玉兔、梯田以及吊燈等，雖然一旁僅用越南文標註，不妨發揮想像力猜測這些巨型鐘乳石的形狀。

目前遊客可以自行進入造訪天堂洞內部約1公里，若是想要深入7公里的行程，必需由導遊帶領，其中包括一小段游經地下河流的體驗。

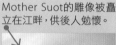

Mother Suot的雕像被矗立在江畔，供後人勉懷。

③ 洞海市場
Dong Hoi Market

洞海市場從清晨5點就開始拍賣漁貨，船隻一早出海後，滿載著漁穫來到這個當地最大的魚市場拍賣，由大盤商收購後，再載往別的市場販售，在早晨8點半之前都可感受到那股忙碌與熱鬧的氛圍。

從這裡可以看到遠處矗立一座英雄雕像，當地人稱Mother Suot，這位阮婆婆(Nguyen Thi Suot, 1908-1968) 原為船伕，越戰時期，當其他船伕都逃離此處，年已60歲的她，冒著生命危險，用一般小木船載運越南士兵及武器，跨越日麗江到對岸，也因此她被視為英雄。可惜1968年，她在一場美軍的攻擊之下喪生。

🔼P.153 📍Mẹ Suốt, Hải Đình ⏰漁市場5點開始

平常時候來這裡還是可以看到一些蔬菜、水果的攤販，一旁的建物則是販售著日常用品。

④ 廣平關
Quảng Bình Quan

矗立在大馬路旁的廣平關，與四周現代建築形成強烈對比，廣平關原建於1631年，在阮朝時期用紅磚及石頭重建，目前仍清楚可見用紅磚砌成的城門，其上是一座中國風格的建築，兩旁城牆只殘存了一小段，倒是城門上的「廣平關」3個字仍清晰可辨。這座城門可說是洞海的象徵，至今已經過多次整建。

🔼P.153 🚶從洞海市場步行前往約6分鐘
📍38 Quang Trung

距離廣平關不遠處，有一座同樣是殘存的古蹟——東門，建築風格與廣平關相似，同樣都是紅磚所築。

同場加映：從順化出發的小旅行

156

⑤ 譚東亞教堂遺址
Chứng tích Nhà thờ
Tam Tòa

建於1866年的譚東亞教堂，是一座古老的天主教堂。越戰時期，譚東亞教堂不幸在1965年2月11日遭受美軍空襲炸毀，目前殘存教堂立面、鐘塔及部分地基。

事實上前幾年天主教會一直努力抗爭，希望能將其復原為天主教堂，繼續供教友們祈禱，甚至在與政府的抗爭中，不少人因此受傷，不過越南政府仍堅持將推土機開進教堂，將此地改建為公園，開放大眾參觀，也作為美國侵略越南的象徵，而新的譚東亞教堂也於市區的另一頭完工。

📍P.153 🏠Nguyễn Du

紀念碑將教堂形容為美國侵略越南的證據。

租借滑沙板，從沙丘頂端一路滑下，暢快又刺激。

⑥ 廣富沙丘
Cồn Cát Quang Phú

從市區一路往北前進，經過一座座美麗的度假沙灘後，在左手邊看去，一望無際的沙丘將作現眼前。周末時分，這裡是在地人的休閒勝地，車輛直接停滿路旁，大家爬上沙丘頂，在這片廣闊沙漠嬉戲，或放風箏。

爬上沙丘遠望，一邊是無際的湛藍海洋，另一邊則是高低起伏的沙丘景觀，日出日落，在沙丘都能感受不同時刻各具風情的景觀。

📍P.153 🚗從洞海市場開車前往約15分鐘 🏠距離市區約5公里 ⚡日落後這裡沒有燈光

同場加映：從順化出發的小旅行

⑦ 保寧海灘
Bãi Biển Bảo Ninh

洞海在越戰時期，被炸得滿目瘡痍，如今已是越南人的海灘度假勝地，自北到南依序有不同的沙灘，包括日麗海灘及保寧海灘等，也讓洞海市區，瀰漫著一股悠閒的度假氛圍。

跨過日麗江上的大橋後，一直往南海前進，走到路的盡頭就是保寧海灘。免費進入的保寧海灘，遊客可以自由漫步沙灘上，另外還有出租水上摩托車供遊客乘風破浪。

📍P.153 🚗從洞海市場開車前往約10分鐘

▶沙灘上有業者提供茅草搭蓋的遮陽傘及躺椅，讓遊客悠閒地坐在這裡享受沁涼的飲品

航向會安的偉大航道

INFO

基本資訊

人口：16萬人　**面積**：61平方公里　**區碼**：235

城市概略

　　會安曾經是越南最重要的對外通商口岸，中國和日本的商船帶來了錦緞、紙張、毛筆，而從會安購回木材、香料、犀牛角、象牙等等。海洋航運必須乘著季風，因此中國商船多半在10~4月趁著東北季風由中國南下，直到6~9月的西南季風時才北返，中間有段空檔，這些商人因此就在此定居下來，由於中、日商人日益增多，會安也開始有了中國區和日本區，日本區以日本橋為起點，所以現今會安城裡可見到許多中式會館和古宅邸。19世紀後期，連接會安和大海的秋盤河淤

積，港口因而向北移到今天的峴港，會安自此沒落。直到1999年被列入世界文化遺產，世人的眼光才再度回到這個曾經風雲一時的海港。

如何前往

飛機

離會安最近的機場為峴港國際機場(Sân Bay Quốc Tế Đà Nẵng)，該機場距離會安市區約30公里。從河內及胡志明市飛往峴港，約需近一小時半，另外芽莊也有班機飛往峴港，飛行時間約70分鐘左右。

巴士

Open Tour的巴士都有到會安。搭乘巴士從順化到會安約需4小時，上午、下午各一個班次，或是也可以請旅行社訂共乘廂型車，每人大約15美金，直接從順化旅館接送到會安的旅館，中間會停留幾站參觀幾個景點。從芽莊出發則約需11小時。 從峴港市區到會安，除了可預約搭乘峴港機場發車的Hoi An Express以外，搭乘旅行社安排的迷你巴士，車程約需1小時。

市區交通

機場前往市區

從峴港機場搭乘計程車前往會安，大約45分鐘車程，車資約20~24美金；預約Hoi An Express固定時間發車的接駁巴士，車資6美金，車程約75分鐘。

步行區

會安老街裡禁止汽車和摩托車進入，所以走路和人力車是最常見的交通方式，市區景點基本上都在步行可抵達的距離。往返旅館和老街，可以租腳踏車或叫計程車。如果住在古岱海灘區的旅館，通常會有定時接駁車往返旅館和老街區。

旅遊資訊

會安旅遊服務中心

⌂49 Phan Châu Trinh

☎(235)366-6333　⊙7:30~19:00

🌐www.quangnamtourism.com.vn

會安聯票

會安的景點採聯票制，外國人每張聯票120,000越盾，遊客可根據自己的喜好，在門票的24小時效期內，於老街區22個指定建築中任選5個參觀。購所有的門票都必須在老街區內的售票亭購買，各景點不單獨售票，售票亭開放時間為7:00~17:00，景點開放時間也大多為7:00~17:00之間。

詩情畫意的沿海古鎮

會安
Hội An

會安索引圖

會安位於秋盤河(Sông Thu Bồn)的北面，是16~18世紀時東南亞最重要的國際港之一，直到19世紀後期，連接會安和大海的秋盤河淤積，港口因而向北移到今天的峴港，會安才因此沒落。

漫步在會安老街，古宅、會館、寺廟、市場、碼頭等各種不同式樣的建築沿著老街櫛次鱗比，一家緊接著另一家，為大航海時代象徵東方的城市提供一個最佳印象。那不是陌生的古城，那麼多的會館，映入眼簾的都是熟悉的中文；而且它還在呼吸，走入它的中央市場，你就會感到這座老城是多麼的有活力！秋盤河雖淤塞，但它還沒死，市場的盡頭就是昔日的碼頭，這裡依然聚集著擺渡的老婦，她們就是會安的脈搏。

往古岱海灘Cửa Đại、Victoria Hoi An Resort Spa
The Nam Hai Hoi An→

Phan Đình Phùng

會安歷史文化博物館
Bảo Tàng Lịch Sử Hội An

Trần Hưng Đạo

Nhị Trưng

Lê Lợi

Nguyễn Huế

Hoàng Diệu

古井
Bale

陳氏家祠
Nhà Thờ Tộc Trần

Phan Châu Trinh

旅遊服務中心

Phan Châu Trinh

Nguyễn Thị Minh Khai

來遠橋 (日本橋)
Cầu Lai Viễn
(Cầu Nhật Bản)

廣肇會館
Hội Quán
Quảng Đông

A Dong Silk

會安陶磁貿易博物館
Bảo Tàng Gốm Sứ Hội An

福建會館
Hội Quán Phúc Kiến

關公廟
Quan Công Miếu

海南會館Hải Năm Hội Quán

Yaly Couture

Nguyễn Duy Hiệu

馮興古宅
Nhà Cổ Phùng Hưng

Hoian
Craftships

Trần Phú

Yaly

衣料市場Cloth Market

Precious Heritage Art Gallery Museum

沙黃文化博物館
Bảo Tàng Văn Hóa Sa Huỳnh

Faifo
Coffee

Nguyễn Trần Học

中央市場Central Market

Morning
Glory

均勝古宅
Nhà Cổ Quân Thắng

Phan Bội Châu

Reaching Out

進記古宅
Nhà Cổ Tấn Ký

Bạch Đằng

Mango Room

Memory Cafe

An Hoi半島

秋盤河
Sông Thu Bồn

Cầm Nam

會安全圖

走進**古色古香的老街**，體驗多元文化激盪出的火花。

會安：會安老街

會安位於秋盤河
(Sông Thu Bồn)的
北面，有著江南水
鄉的風情。

MAP
P.161
B2

會安老街

Phố Cổ Hội An

至少預留時間
散步遊老街：1~3小時
參觀整個舊城街區：3~5小時

　詩情畫意的會安古鎮是16~18世紀時東南亞最重要的國際港之一，當時稱之為海埔(Hải Phố)，歐洲人則可能因為轉音之故，稱之為"Faifo"。在它的全盛時期，這裡雲集著從荷蘭、葡萄牙、中國、日本、印度以及其他國家前來的商船，其中又以中、日的商船最多。

　由於中、日商人日益增多，會安開始有了中國區和日本區，所以現今會安城裡可見到許多中式會館和古宅邸。直到19世紀後期，連接會安和大海的秋盤河淤積，港口因而向北移到今天的峴港，會安自此沒落，直到1999年被列入世界文化遺產，世人的眼光才再度回到這個曾經風雲一時的海港。

造訪會安老街理由

1 被列入世界遺產的舊城街區

2 融合中西方元素的特色建築

3 滿街高掛燈籠的美麗夜景

進入老街區到底需不需要買票？

會安老街區的門票為外國人：120,000越盾、越南人：80,000越盾，老街區內有8座售票亭售票。但是其實參觀老街區內的古宅、會館等22個指定建築才需要門票(包括來遠橋)，購買門票可以任意參觀其中的5個建築，門票的有效期間是24小時。

怎麼玩會安老街才聰明？

穿奧黛遊會安

奧黛是越南婦女的傳統服飾，會安老街有許多店家有販售或是出租，讓遊客體驗在地風情，就像去日本穿和服一樣。出租一套價格在20美元左右，記得多比價，而且可以殺價喔！

秋盤河遊船

只要約2美元左右的價格就可以搭乘人力扁舟，從秋盤河上欣賞古鎮詩情畫意的美景。

燈籠節

每個月的農曆十四是燈籠節，原本就掛滿燈籠的古街區，會掛上更多的燈籠，又漂亮又熱鬧。

藝術街

會安官方近年來將Phan Boi Chau這條街打造成「藝術街」，這條街本來就有許多法式洋房，現在進駐了許多藝廊、咖啡館及設計品牌店後更加充滿了歐式風情。

整個老街區都禁止汽車進入，對行人十分友善。

不想走太多路可以搭乘人力車。

除了人力扁舟外，還有特別的竹簍船可以體驗。

DO YOU KNOW

越南女人婀娜多姿的秘密武器

奧黛 (Ao Dai) 是越南婦女的傳統服飾，是包含上衣和褲子的套裝，通常使用絲綢類質料輕薄的布料做剪裁，上衣長及腳踝，在胸部及腰部收窄，並在腰間以下開岔；褲子是闊腳長褲，穿起來和中國的旗袍有幾分相似。

這種服飾原本流行在皇室貴族之間，因為端莊的形象符合上層社會對女性的期待，越南共產黨執政後將奧黛視為資本主義的不良影響，因此禁止人民穿著。直到 1990 年代越南改革開放後奧黛開始被不分階層、年齡、職業的婦女所接納，至今已成為越南婦女在節慶或日常生活中十分喜愛的一種穿著。

入夜後家家戶戶門前都會點亮燈籠，這樣的景象已經成了會安最讓人印象深刻的印象。

欣賞老街經典建築，體驗古宅和會館的生活。

👁 古宅
Nhà

　　會安老街保留了大量平房建築，Trần Phú街上蜿蜒小道旁的黑瓦木造老宅，形成會安最吸引人的景致。這些木造建築結合了中、日、越式建築手法，從屋頂結構就可看出這項特色，以進記古宅為例：屋頂圓弧形並有複雜雕花的結構為中式；而叉手斜樑的作法，則是道地越南風格；3道往外漸縮的柱子所形成之屋頂，便是日式建築的特色。

　　會安古宅也有小開間長縱深的特色，因此中央會開中庭採光。在炎熱的午後，選一家河畔咖啡廳，細細體會小鎮的悠閒，將是旅程裡最美的回憶之一。

巷弄中的商店就隱身在古宅裡，無論商品是甚麼都很容易吸引人走進去。

當年繁榮的海上貿易，也在會安留下了許多兩層樓的歐式洋房，集中在秋盤河畔的Nguyễn Thái Học街上，現在多已改成咖啡廳和餐廳。

📍P.161
◎進記古宅
🚶從海南會館步行前往約12分鐘
🏠101 Nguyễn Thái Học
🕐8:00~11:30、12:30~17:45 💲使用會安聯票
◎陳氏家祠
🚶從海南會館步行前往約7分鐘
🏠21 Lê Lợi 🕐7:00~21:00(週一、週六至18:00)
💲使用會安聯票
◎均勝古宅
🚶從海南會館步行前往約6分鐘
🏠77 Trần Phú 🕐9:30~18:00 💲使用會安聯票
◎馮興古宅
🚶從海南會館步行前往約13分鐘
🏠4 Nguyễn Thị Minh Khai 🕐8:00~18:00
💲使用會安聯票

DO YOU KNOW

會安燈籠節的由來

會安在16~18世紀時是個貿易興盛的港口城市，許多日本商人來此定居，他們習慣將燈籠掛在門口，當地人覺得這個行為既吉利又討喜也跟著掛起燈籠，時間一長就成了會安的特色。隨著需求大增，製作燈籠的手工藝也越來越精湛了，如今在老街區內可以找到各式各樣的燈籠。1998年當地政府正式將慶祝農曆滿月和掛燈籠的習俗結合成為十分受觀光客歡迎的燈籠節。除了欣賞高掛的各色燈籠，商家也設計製作手工燈籠的遊程，相當受到遊客歡迎。

牆壁上有精美的鮮花雕刻。

古宅的後門直通秋盤河，當初的設計是為了方便從河上卸貨。

進記古宅
Nhà Cổ Tấn Ký

進記古宅是會安最古老、保留最完整的古宅之一！該建築興建於19世紀初期，表現出17世紀時居住於會安的文化融合特色：從屋內的樑柱結構，可看到中、日、越3種建築的特色，而天井陽台上的木欄杆雕著葡萄葉，則顯示了歐洲文化的影響。屋子可分為4大區塊：首先是店面，接著是客廳、中庭和臥房。最後側的房間面對秋盤河，以前是用來租給外籍商人。因為目前屋子裡仍有人居住，所以臥房不對外開放。

均勝古宅
Nhà Cổ Quân Thắng

這也是個華商所建的古宅，原是經營藥材生意的商人，來自福建，現在的主人已是第6代，這個房屋已有300年歷史。上好柚木打造的兩層樓建築，仍保留完好，融合了中、日、越式的建築特色。房屋的前半段為店面，後方是起居空間，並有個小型天井。

會安古宅圖

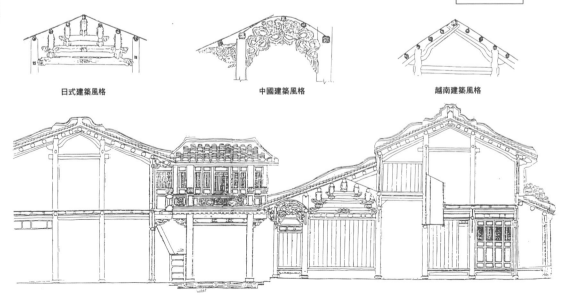

日式建築風格　　　中國建築風格　　　越南建築風格

166

建築以中式風格為主，但有些細節上帶了點日式和特色，以樑柱為最明顯。

屋子的前方為祖先牌位，牌位前的正門只有在春卽祭祖等重大日子才會開啟。

馮興古宅 Nhà Cổ Phùng Hưng

馮興古宅已有200多年歷史，古宅主人目前為第8代傳人。這房屋因為靠近河邊經常有水災，所以皆用上等木材建造，也因此能保存良久。它具有3種建築風格，上層為通風式中國窗，屋頂則採用日式，其餘為越式；主廳上有開放式迴廊，通氣窗便在此，水災時船可航進樓下，故2樓地板開有活動門以利運貨；陽台的屋簷有木雕雙魚，在中國代表「年年有餘」，在日本代表權力，而越南則為幸運。

陳氏家祠 Nhà Thờ Tộc Trần

陳氏祠堂建於1802年，由陳思樂所興建。陳思樂的父親是中國商人，在會安與當地女子結婚後定居旅此，其子陳思樂通過阮王朝的會考，成為政府官員，並曾派駐中國。陳思樂秉持中國人慎終追遠的傳統，興建了該祠堂祭祀祖先。以前當家族遇上大事時，會在祖先牌位前諮詢祭拜之。

屋子的後半部為家族成員的住所，因此不開放參觀。參觀時，導遊(也就是住在屋子裡的陳氏後裔)，會教你如何以陰陽錢問卜，十分有趣，但之後會要遊客買紀念品，如果沒興趣不理會即可。

Bale古井

粗乾麵(Cao Lầu)是會安當地著名的小吃之一，據說這道麵食，一定要使用Bale古井裡的泉水，才有最道地的味道。深藏在巷子裡的Bale古井並不容易找到，卻是許多當地人取用來作為飲用水的地方，也有人相信這古井的水有神聖的力量，於是每天以些許淋身，在酷暑中取把井水洗臉，倒是十分涼快。

建於明朝成化年間(1465~1487年)的中華會館歷史最悠久。

DO YOU KNOW

會安華僑「南漂」的原因

最早移民到會安的華人可以追溯至16世紀的明朝，當時因為日本倭寇時常襲擊中國東南沿海，明朝實施海禁，許多民間交易因此轉移到東南亞的港口進行，會安就是其中之一，隨著越來越多商人在此定居，就形成了華人聚落。

第二波移民在清朝初年，明朝遺臣陳上川和楊彥迪率領大批部屬和家人逃來會安，他們帶來了技術和資源，並樂於幫助鄉親，因此受到當地人和華人的熱烈歡迎。這些華僑自稱為「明鄉人」，拜的是離鄉背井的祖先而不是神明，處處都可以看見身分認同對他們的重要性。

會館
Hội Quán

　　會安古鎮內保留了不少中式會館，愛鄉重土的中國商人在海外更是展現人不親土親的精神，建立會館以互相合作，維繫感情，而會館內多半供奉海上保護神媽祖或重情義的關公。

　　目前會安古鎮裡有福建、廣肇、潮洲、海南和提供給全部華商的中華會館，前三者需使用會安聯票才能進入，後兩者可免費參觀。這些會館至今都有數百年歷史，仍維持十分良好的狀況，顯示會館對華商的重要性。

🏛P.161

◎福建會館

🚶從海南會館步行前往約5分鐘

📍46 Trần Phú　🕐7:00~18:00　💲使用會安聯票

◎廣肇會館

🚶從海南會館步行前往約12分鐘

📍176 Trần Phú　🕐7:00~16:30　💲使用會安聯票

◎海南會館

🚶中央市場對面

📍10 Trần Phúa　🕐8:00~17:00　💲免費

早期海外移民和商人為了祈求航海平安，都會供奉媽祖天后。

福建會館 Phuc Kien Assembly Hall

福建會館興建於1786年，據說所有的建材都在廣東收集、製作，送到會安來組裝。入口處鑲瓷的龍形水池，是遊客目光的焦點，其實後院裡還有更多精彩的雕像。會館裡的主神為關公，入口處的兩側更繪有桃園結義和關公千里送嫂的彩圖。

廣肇會館 Cantonese Assembly Hall

會館展示一艘帆船模型，訴說著他們祖先在海上討生活的過往。

福建會館又名「金山寺」，是會安最重要的一座華人會館，由福建商人於1697年所建，是會安華僑的重要聚會所。會館內供媽祖，兩側分別是千里眼與順風耳，還有一艘金色的木造古帆船模型，據說新加坡的華商會館裡也有一艘相同的模型。色彩豐富的裝飾與保存良好的神像，使這座會館十分受矚目，其中有座鑲瓷的水池裡的鯉魚象徵著魚躍龍門，陪襯著有龍、麒麟、鳳凰等中國吉祥的象徵。

海南會館 Hainan Assembly Hall

海南會館建於1875年，紀念著一段悲情的事件。1851年夏天，一艘由海南開往順化一帶通常的商船，被越南巡防的官兵殺人奪財，並謊報緝拿海盜有功。

傳說當時在位的阮王朝嗣德皇帝在批示該公文時，忽然頭痛不已，於是遣人調查，真相才得以大白，並將犯罪者處以極刑。這108個冤魂據說因此成神，保護行船人的安全，海南會館供奉的就是這108人。

大殿上所寫「昭應公」其實就是「兄弟公」的意思。

認識會安獨特的歷史文化，從建築欣賞到手工藝品。

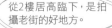
從2樓居高臨下，是拍攝老街的好地方。

MAP P.161 B2

會安陶瓷貿易博物館
Bảo Tàng Gốm Sứ Mậu Dịch Hội An

如何前往

從海南會館步行前往約10分鐘

info

⌂80 Trần Phú

🕐7:00~21:00 💲使用會安聯票

　　會安曾是海上絲路往來的樞紐，陶瓷則是東方運往西方的一項重要物品。在會安出土的陶瓷器具就包括來自中國、日本、泰國等地，甚至還有來自中東的陶瓷器，可以看出當時會安貿易的發達。陶瓷貿易博物館建於1858年，裡頭展示了430件出土的陶瓷用品，出土時間約在13~17世紀之間，附有詳細的解説。另外，博物館就是座美麗的老宅邸，可細細欣賞屋子裡精雕細琢的窗櫺、陽台欄杆和扶手等。

特別的是2樓為革命博物館，展示軍事用品。

沙黃文化博物館
Bảo Tàng Văn Hóa Sa Huỳnh

MAP P.161 A2

如何前往

從海南會館步行前往約13分鐘

info

⚲149 Trần Phú ⏰8:00~20:00

💵使用會安聯票

　　沙黃文化是指西元前1世紀左右，在中越地區興盛的文化，大約是中國的西漢時期，考古學家推測應是占婆文化的前身。他們擅長製造鐵器，而同時期的北越和南越地區，都還在銅器時期。

　　目前出土的許多物品，都是陪葬用品，其中許多都不是產自越南，例如以玻璃、鋯石、琺瑯等做成的串珠項鍊、漢代的銅

沙黃文化

沙黃文化在2世紀前活躍在今日的越南中南部超過1000年，直到1909年沙黃文化的遺址出土世人才認識到這個已經消失在歷史上的民族。沙黃人被認為是占族的祖先，他們很早就乘船出海和其他東亞的文明進行交流，從出土的陪葬品就可以發現來自其他地區的文物；甚至在台灣的蘭嶼和菲律賓的巴拉望考古遺址都找得到來自沙黃文化的飾品。

鏡等，證明了當時就有頻繁的海上活動。目前博物館裡展示了216項來自50個考古地點的沙黃文化出土物品。

會安歷史文化博物館
Bảo Tàng Lịch Sử Hội An

MAP P.161 B1

如何前往

從海南會館步行前往約7分鐘

info

🏠10B Trần Hưng Đạo ⏰7:00~17:00 ❌週末
💲使用會安聯票 🌐hoianmuseum.com

這座博物館如此記載會安的歷史：「會安，一個擁有75,000居民，面積超過60平方公里的行政區和小鎮，由3個市區、6個陸地村落和一個占族列島之島嶼村落組成。科學研究多次為會安劃分以下的時間輪廓：史前與原始時期(從遠古直到西元第二世紀)；占族時期(第2到15世紀)；以及大越(15到19世紀)。會安在大越時期非常繁榮。」由於這座博物館的現址是新蓋的建築，因此比老街區其他建築都大，展覽空間十分寬敞，裡面陳列一些象徵性的手工藝品、文物和黑白相片，帶給參觀者生動的會安印象。

> 博物館從史前時期的文物開始從頭描述會安的歷史。

歷史文化博物館搬家咯！
現在的歷史文化博物館是近期遷移過來的，舊址在7 Nguyễn Huệ，原本是座華人的明鄉佛寺，由對故鄉懷有強烈情感的華僑所建，供奉的是最早移民來的祖先。如今博物館遷走後再度空出古樸的廟堂可以參觀。

Yaly Couture

MAP P.161 B2

如何前往

從海南會館步行前往各約3或6分鐘

info

🏠47 Trần Phú、358 Nguyễn Duy Hiệu
☎(235)386-1119、(235)391-4995
⏰8:00~21:30 🌐www.yalycouture.com

> 款式、布料、顏色、裝飾等所有細節都可以客製化，難怪會這麼受歡迎。

這是會安規模最大的裁縫店之一，在會安共有3家店面，從一字排開的時髦服飾，以及排隊等著試穿新衣服的顧客，即能感受到Yaly的魅力。雖然價格是一般店面的3倍之多，但因為手工精細、龐大的裁縫群，以及保證修改到滿意為止的品質保證，讓Yaly的生意蒸蒸日上。不但是女士們深受吸引，Yaly的顧客裡有不少男士，因為一套上好質料和手工的西裝，不到100美金就可完成，難怪總是看到一對對男女提著許多衣袋，心滿意足地離去。

172

會安：會安老街

MAP P.161 A2

來遠橋 (日本橋)
Cầu Lai Viễn (Cầu Nhật Bản)

如何前往

從海南會館步行前往約10分鐘

info

⊙連接Trần Phú與Nguyễn Thị Minh Khai兩條大街 ◐7:00~17:00 ⑤使用會安聯票

興建於16~17世紀的來遠橋,造型獨特,石造的橋身上另蓋有木造屋頂,中央供人車通過。來遠橋這名稱是皇帝1719年來訪時所賜,因為在會安貿易繁盛之時,船隻可直行至此,因而有歡迎遠道來訪客人的意思。橋的兩端連接當時日本人居住的Trần Phú與中國人居住的Nguyễn Thị Minh Khai兩條大街,因此這座橋也被稱為日本橋。不過如今橋的式樣是1763年重新整建過的。

因為考慮到地震的緣故,所以橋身建得很堅固。關於橋有一傳說:有一隻怪物,牠的頭在印度,身體在越南,尾巴則在日本,當牠晃動身體時便引起洪水氾濫,地震成災,所以蓋此橋鎮住牠的穴道。

日本人為何會千里迢迢來到會安?

日本幕府在16世紀開始嚴格控管出航的商船,要取得幕府批准的朱印狀才能出航,因此這些商船也被稱為「朱印船」。當時明朝實施海禁,這些朱印船為了跟中國商人進行交易只好來到會安等東南亞海港,這裡還有來自其他東南亞國家的商人,因此各式各樣的奇珍異物都可以找到。因為往來不易,朱印船每次靠岸都會停留數個月,有些商人就留下來當做當地的買辦、仲介,因此形成了一個日本社區。1635年德川家康下令鎖國後,日本人才停止移民,日本社區開始逐漸被當地人和華人同化。

橋的兩端各有一對猴與狗的雕像,一說是因為橋的興建始於猴年,完工於狗年;另一說則是因為日本的天皇多屬這兩種生肖。

橋身的北側還設有寺廟,裡面供奉的是玄天大帝。寺廟擁有獨特的T型屋頂,其入口處有個「來遠橋」之匾額。

會安：會安老街

MAP P.161 C2 會安藝術街
Rue de Arts

◎**Precious Heritage Art Gallery Museum**

如何前往

從海南會館步行前往約5分鐘

info

📍26 Đường Phan Bội Châu

🕐8:00~20:00　📞094-982-0698

🌐www.rehahnphotographer.com

　　會安法國區坐落古鎮區以東的水岸街區，以街道Phan Boi Chau為中心，沿街坐落不少美麗的老建築。2017年起，會安官方將這條街打造成藝術街，進駐了許多藝廊、美術館、咖啡館及設計品牌店。

　　由法國攝影師Réhahn所創設的「Precious Heritage Art Gallery Museum」是其中最精彩的一座，改建自19世紀的法國建築，劃分五區，展示Réhahn以8年時間深入越南全境54座部落，為身著傳統服飾的耆老所拍攝的肖像照、逾60件傳統服飾，工藝及歌謠的紀錄片。

會安：會安老街

顧客可參觀設於店面後方的工作坊，進一步了解製造的過程。

陶瓷碗邊上，以不銹鋼細細地鑲上一道雕花。

Reaching Out Arts & Crafts

MAP P.161 A2

如何前往

從海南會館步行前往約7分鐘

info

⌖131 Trần Phú　☏(235)391-0168

🕑平日8:00~18:30；週末9:00~16:30

🌐www.reachingoutvietnam.com

　　如果你想找一些風格獨具的手工藝品，這裡是不可錯過的地方。Reaching Out是由多位殘障人士共同創立的藝品店，藝品的種類豐富，以獨特的設計和精細的手工聞名。例如漆器上鑲入十分細緻的蛋殼屑，取代貝殼，形成更為雅緻的圖案。

　　這些作品是經過專門設計，把不同的工作交由適合的殘障人士來負責，例如噪音大的打鐵雕花是由聽障人所負責，最後合力完成一套作品。因為是以協助殘障人士為宗旨，強調公平交易，也就是利潤歸於製造者而非中間商，創作者更直接受惠，價格也不會被中間商所壟斷。

A Dong Silk

MAP P.161 B1

如何前往

從海南會館步行前往各約10或6分鐘

info

⌖62 Trần Hưng Đạo、40 Lê Lợi

☏(235)3910-579　🕑7:30~21:30

🌐adongsilk.com

　　A Dong Silk也是會安的傳統老店，店面裝潢得十分現代時髦，一走進去服務人員就會親切地詢問需求，送上雜誌和茶水，因為量身訂做的服務做得很徹底，看到許多顧客都是多次試衣並修改到完美。許多外國人都是特地來訂做晚禮服甚至是結婚禮服。想穿上今年最時尚的流行服飾嗎？在這裡，你可以用非常便宜的價格就達成夢想。

現場有超級多種布料和顏色可以選擇。

Hoian Craftships
MAP P.161 A2

不用去會安也買的到！**Hoian Craftships**的手工船模型實在是太受歡迎了，為了滿足世界各地的粉絲，現在從官方網站就可以瀏覽所有船型並下單訂購，只要願意花上運費就可以輕鬆得到精美的船模型了！

如何前往

從海南會館步行前往約10分鐘

info

⌖145 Trần Phú

☎0902-867-759 ⏱9:00~21:00

🌐hoiancraftships.com

現場的工作人員會介紹任何一艘船，解說其資訊和歷史背景。

　　會安曾以海上貿易輝煌一時，當時的港口總是擠滿來自世界各處的商船，而這家專賣帆船模型的商店，讓人對於昔日千帆往來的情景，有了更豐富的想像。這些具體而微的帆船模型，做工十分細巧，全都是按比例縮小，除了古老的中式帆船，也不乏知名的西洋現代帆船，琳瑯滿目的模型，總有許多大人和小孩在店面口流連忘返。這些模型的原料都打包在長型的木盒裡，攜帶方便，店家也可代為郵寄。

中央市場
Central Market
MAP P.161 B2

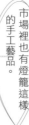

市場裡也有燈籠這樣的手工藝品。

如何前往

就在海南會館對面

info

⌖位於會安市區東側，Trần Phú街上

⏱清晨到日落，中、下午人潮較少

　　這是會安唯一的傳統市場，自大清早起就人潮不斷。清晨的漁市是尋找新鮮漁貨的好地方，如果你有可信任的廚師為你料理，可以起個大早來此挑些剛下船的海鮮。市場裡的陶瓷、日用品等手工用品的品質並不比商店差，但價格會稍微便宜一些；另外如香料、水果都是不錯的選擇，但記得越往市場內側價格越便宜的原則，不要馬上下手。

衣料市場
Cloth Market

MAP P.161 B2

如何前往

就在海南會館對面

info

📍位於中央市場的東邊，Trần Phú街上

🕐7:00~日落

自古來就因為是貿易中心而以絲綢緞錦知名的會安，近年來更在觀光業發達的推波助瀾下，成為訂製天堂，這種量身打造、手工現做的衣服，在工商業社會裡可説是奢侈的享受，在這裡可以較經濟實惠的價格，做出一件合身時髦的上衣，難怪西方觀光客莫不為之瘋狂，也因此現在小小的會安鎮裡，大概有一半以上都是裁縫店。

除了直接到知名的裁縫店訂做外，你也可以自己先到衣服市場挑選衣料後，再請知名的店做裁縫，費用會便宜一些，事實上衣料市場中也提供裁縫服務，就看自己的選擇。

衣料市場裡擠滿了數十家販賣上好絲綢和各色布料的商家，材質和顏色的選擇眾多，連上好的喀什米爾羊毛都有。

除了衣料之外，這裡也買的到現成的衣服。

古岱海灘
Của Đại

MAP P.161 C1

如何前往

從會安市中心騎自行車約20~30分鐘

會安附近有多處沙灘，但其中最有名的是古岱海灘，距離會安市區約5公里。純淨的沙灘沒有太多污染，在這悠閒地漫步很有情調。世界級的連鎖旅館也不會錯過這片美景，其中較知名包括Swiss - Belhotel Golden Sand、Palm Garden Resort Hội An、Victoria Hoi An Beach Resort & Spa等海灘度假村，這些高級飯店大部份都座落於沙灘上，時間充裕的

從海灘望出去可以看到中越的另一大城市峴港。

人，不妨選擇其中之一小住幾天，好好享受悠閒的海灘假期。

177

用餐選擇

在古色古香的老街區享用異國氣氛滿點的咖啡與餐點。

Reaching Out Teahouse

咖啡廳

🏠 | **131 Trần Phú**

會安古鎮有許多咖啡館，各有其迷人特色，不容易踩雷，不過人氣最高的咖啡館當屬「Reaching Out Teahouse」，由瘖啞人士提供服務，店內一概以紙和刻字印章溝通，是會安古城區最靜好的無聲綠洲，推薦越式滴濾咖啡佐手工餅乾及綠茶椰子糖，也可以體驗越南茶道，品茶組合中可選擇3種茶，並搭配佐茶小點。

🔴P.161A2 🚶從海南會館步行前往約8分鐘 ☎(235)391-0168 ⏰8:00~20:00

must eat!
椰子咖啡
Cà phê dừa
65,000越盾
推薦菜

must eat!
滴濾咖啡
Phin Cà Phê
57,000越盾
推薦菜

Faifo Coffee

咖啡廳

🏠 | **130 Trần Phú**

若想把會安的古鎮老街美景盡收眼底，不可錯過位在Trần Phú街的文青咖啡店「Faifo Coffee」，店名「Faifo」取自會安的舊稱。店內販售自家烘焙的咖啡、果茶等飲品，另外也有冰品與甜點可選擇。走上Faifo Coffee三樓露台可俯瞰整座會安老街街景，也因此吸引了大量遊客前往朝聖，想要避開人潮可以選擇傍晚後再前往，享受老街夜景。

🔴P.161B2 🚶從海南會館步行前往約6分鐘 ☎0913-495-378 ⏰7:00~21:30

Morning Glory

越南料理

 106 Nguyễn Thái Học

該餐廳的創辦人Trinh Diem Vy女士是一位知名的廚師，不但出版食譜，同時也是第一個在會安開辦廚藝課程、引進國外麵包烘焙方式與甜點製作要領的人，她將當地的街頭小吃以及自家傳承的食譜加以融合與改良，誕生了許多獨具特色的料理與飲品，她的成功從在當地擁有多家餐廳便可略知一二。Morning Glory採開放式廚房，在它琳瑯滿目的菜單中詳細說明了每道食物的特色，讓外國人也可以輕鬆點餐，如果想嘗試些特別的食物，不妨從她的家族食物中挑選幾道嘗嘗。

🔺P.161A2 🚶從海南會館步行前往約7分鐘 ☎(235)224-1555 🕐11:00~22:00

must eat!
法國麵包
夾燒肉
Banh Mi Beef Steak
85,000越盾
推薦菜

must eat!
烤鯛魚排
Hunt for Red Snapper
推薦菜

Mango Rooms

越南料理

 37 Đường Phan Bội Châu

面對秋盤河的Mango Rooms，有著絕佳的海港景觀，室內以正紅、鵝黃、翡翠綠、寶藍……大塊的原色系營造出強烈的加勒比海風味。因為主廚來自加州，並曾在德州學習料理，因此菜色方面大膽融合了加州風格與越式料理，充滿大膽的創意。

以香菜、腰果和胡椒調味而成的烤鯛魚排，呈現了令人驚豔的口感；而看似Pasta的「Asia Sins」，竟然是以米為原料的「米粉」，吃起來香Q有咬勁，而且以蕃茄醬汁為主，加上九層塔、洋蔥及當地特產的香料，堆疊出豐富的味覺層次，非常值得推薦。不過這裡最有名的當屬調酒，不妨選個靠河的位置，迎著徐徐涼風，美酒佳餚，讓人不醉都很難。

🔺P.161C2 🚶從海南會館步行前往約5分鐘 🕐8:00~23:00
🌐www.mangomangohoian.com

同場加映
從會安出發
的小旅行

會安周邊圖

峴港 Đà Nẵng
會安 Hội An
美山聖地

峴港是中越第一大城，取代了會安成為對外通商的重要港口，因為高速的發展使得城市的面貌非常現代，不像會安保存了許多傳統建築。不過還是有幾處值得參觀的遺跡，現代化後的地標像是龍橋也很受歡迎。美山聖地則是越南最著名的世界文化遺產，雖然保存狀況不理想，但是規模龐大堪比柬埔寨的吳哥，很適合對歷史文化有興趣的人，這兩地離會安都很近，當天來回時間很充裕。

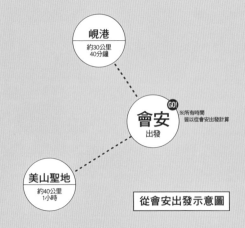

峴港
約30公里
40分鐘

會安
出發
GO!
※所有時間
皆以從會安出發計算

美山聖地
約40公里
1小時

從會安出發示意圖

去一趟車程才1小時，
半天或一天遊時間都剛剛好

推薦1

距離會安

位於會安西北方
距離約30公里

搭乘巴士路程
約1小時

韓江(Sông Hàn)流經市區的東邊，自從會安淤積之後，峴港便成為19世紀時越南中部最重要的港口。

○ 市區交通
峴港市區交通以計程車和包車為主，可使用Grab APP叫車。其實到郊區景點觀光，因對安全及時間上的考量，建議以包計程車方式較為妥當。

MAP
P.180

峴港
Đà Nẵng

如何前往

◎飛機：峴港國際機場(Sân Bay Quốc Tế Đà Nẵng)距離市區約3公里，台北有航班直飛峴港，航程約3小時，可搭乘中華、長榮、星宇航空或台灣虎航。從河內及胡志明市飛往峴港，約需1.5小時，班次頻繁。另外芽莊也有班機飛往峴港，飛行時間約70分鐘左右。

◎火車：從順化搭火車到峴港約2.5~4小時，從芽莊到峴港約9~12.5小時。峴港火車站距離市區約1.5公里，車程約5分鐘。

◎巴士：峴港和順化平均每2小時一班車，車程約2.5小時。大部分的Open Bus Tour都會停峴港站，巴士總站距市區約3公里，到市中心需搭車，車程約15分鐘，車資約100,000越盾。

去一趟車程才1小時，
半天或一天遊時間都剛剛好

到位於韓江畔的韓市場（Chợ Hàn）逛逛，看看峴港人的日常生活，還可順道嘗嘗中部特產造型可愛的夫妻糕！

位於中越門戶的峴港，是全越南第4大都市，面積942平方公里，擁有68萬人口。由於地理位置的特殊，1858年法國和西班牙攻打越南中部時，便以峴港為主要入口；1965年美軍第一部隊亦在此登陸，於法軍撤退後，它成為美軍的重要基地。

越戰期間隨著美軍的到來，峴港也因之繁榮，成為僅次於胡志明市的南越第2大城；1975年解放以後，北越政府禁止資本主義式的夜生活，峴港的繁榮成為昔日黃花；不過近年來的改革開放，峴港似乎又重拾舊日的風采。

● 會噴水也會噴火的峴港的新地標

來到峴港很難不注意到韓江上這座造型獨特的橋，橋的兩端分別有龍首和龍尾，龍身則分為三節，化做橋中間的鋼骨支架，整座橋彷彿像一隻正在蓄勢待發，隨時準備升空的龍。這座龍形大橋完工於2013年，耗資上億美金，不但幫助紓緩交通狀況、受到市民的喜愛，還吸引了更多的觀光客，在短時間內成為峴港的新地標。此外每個周末晚上在韓江右岸的龍首處還有噴火噴水秀，搭配整條橋的打燈，絢麗的聲光效果讓人驚艷，不禁佩服設計這條橋大膽、有趣的創意。

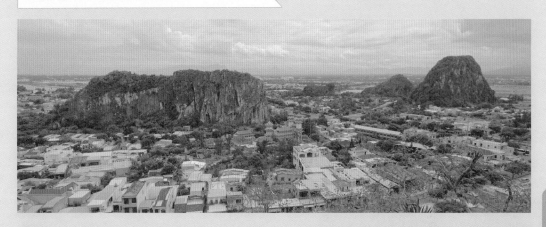

同場加映：從會安出發的小旅行

1 五行山
Ngũ Hành Sơn

📍P.181 🚕搭乘計程車前往約需20分鐘。或是在大教堂前搭每小時一班、前往會安的當地巴士，或是各旅行社安排前往會安的迷你巴士，在五行山下車。另有旅行社套裝行程可選擇，行程多半和美山遺址包裝成一日遊。 🏛位於峴港市區東南8公里處 ⏰7:00~17:30 💰水山門票40,000越盾，電梯上山單程15,000越盾 🌐nguhanhson.org

五行山包括金、木、水、火、土五座山，其中以水山最高。相傳有條龍飛到此產下一顆蛋，神龜把此蛋託付給一對漁民夫婦照顧，百年後此蛋孵化誕生一位仙女飛昇上天，遺留的蛋殼逐漸長大，化成今天的五行山。

水山上有不少寺廟和洞穴，昔日占婆文化鼎盛時期，是崇拜印度神祇的聖地，如今已被改建為佛教廟宇。若由籠海的入口上山，首先會到靈應寺，之後到望海台，這個碑石為阮朝的第2位皇帝明命所立並題字。

一陣辛苦後會看到入口處的石雕牌樓，內有一尊觀世音菩薩，這座花崗岩洞已有300年左右的歷史；再往洞裡走下階梯，就會到宛若虛幻之境的「玄空洞」。

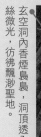
玄空洞內香煙裊裊，洞頂透入絲絲微光，彷彿飄渺聖地。

玄空洞裡有多座小廟供奉觀音與關聖帝君，其中較大的一座後面藏有各種形狀的鐘乳石。

靈應寺內供奉釋迦牟尼佛，寺的右側為和尚住所，並有片小小菜園。

沿著原路出洞可到三台寺，原先供奉代表過去、現在、未來的三寶佛，但如今卻只剩現在佛——釋迦牟尼

③ 峴港占婆雕刻博物館
Bảo Tàng Điêu Khắc Chăm Đà Nẵng

峴港市區最值得拜訪的地方當屬這座占婆博物館了，若你還計畫前往附近的占婆遺跡參觀，先來這裡將使你對這個如今早已式微的文化有所瞭解。自從1936年起，法國人於便將所有最精美、最具藝術和文化價值的占婆石雕收集於此。也幸好如此，這些文物才得以逃過美國的大規模轟炸。

事實上打從1915年起，法國遠東學院(Ecole Française d'Extreme Orient)便開始進行占婆雕刻的收集工作，這些文物於1936年起才由越南政府成立博物館管理。

🗺 P.181 🚌 從韓市場(Chợ Hàn)搭車前往約5分鐘 🏠 Số 02 Đ. 2 Tháng 9 ☎ (236)357-4801 🕐 7:30~17:00 💲 全票60,000越盾、優待票10,000越盾 🌐 chammuseum.vn

博物館呈ㄇ字型，為半露天開放式。陳列的方式是依占婆文化的重要遺址分成4區，依序是「美山館」、「東陽館」、「茶蕎館」和「平定館」。

同場加映：從會安出發的小旅行

美山館 Mỹ Sơn

美山位於峴港西南方60公里處，是目前所知最早也最大型的占婆宗教中心。美山館裡最重要的文物是一座刻有修行隱士生活的大型林迦（Linga），約製作於7世紀中。林迦底座刻滿隱士的生活點滴；有人彈奏樂器、有人討論經文，還有人舒服地享受按摩呢！另一個重要作品則是原位於美山E1的三角楣，刻繪了印度神話裡的「創世紀」。

毗濕奴神（Vishnu）躺在蛇神形成的床鋪上，從祂的肚臍裡長出一株蓮花，蓮花裡冒出了梵天大神（Brahma），梵天大神接著創造了宇宙萬物。

東陽館 Đồng Dương

位於峴港南方約70公里的東陽，9世紀時一度成為占族的首都。它是由許多座聖殿串連而成的重要複合式建築。東陽的文物包括許多石雕人像，而且表情極為誇張，例如高2.18公尺、豐唇大鼻的守護神（Dvarapalas），腳踏大熊，表情猙獰，類似中國的門神，大概也是希望藉此嚇退妖魔鬼怪。

茶蕎館 Trà Kiệu

位於峴港南方約50公里處的茶蕎，已被證實是占婆文獻裡所記載的獅城（Simhapura），目前考古學家正在努力挖掘這座大型城堡建築。茶蕎在10世紀時因海上貿易而繁盛一時，是占婆文化的黃金時期，藝術之表現也達到極致。

其中一座超大型林迦，又名「黑天林迦」，黑天（Krisiha）是毗濕奴神的化身之一，《摩訶婆羅多》裡有詳細的記載。另外還有一個作品是大跳毀滅之舞的濕婆神，也是東陽時期的重要之作。濕婆在世界的週期結束時，便跳起毀滅之舞，並打開額頭上平時閉合的第三隻眼，目光所及會產生烈焰摧毀所有東西。

黑天林迦的底座四周，生動地描繪了黑天的各種事蹟；底座四個角落刻有獅子支撐著天地。

平定館 Bình Định

平定時期約在12世紀末到13世紀初，後來就被吳哥帝國所滅。這時期的占婆勢力開始走下坡，因此藝術也顯得較為形式化，較沒原創性。這時期的藝術重視裝飾性的花紋，例如重複的裝飾性乳房雕刻，或是有著極細雕工的馬卡拉（Makara）神獸，馬卡拉也是印度神話裡的奇怪生物，有著獅身、象鼻和蛇皮。

館中鳥神迦樓羅（Garuda）吃蛇的雕刻是這時期常見的圖騰。

濕婆的毀滅之舞會讓萬物毀滅後重新再生一次，中多手臂的神便是掌理毀滅與再生的濕婆神。

迦樓羅的雕刻形式與吳哥樣式不同，比較接近爪哇樣式：鳥喙較圓，而且有豐滿的乳房。

② 峴港大教堂
Giáo xứ Chính tòa Đà Nẵng

峴港大教堂的全名是耶穌聖心主教座堂，建於1923年法國殖民時期，是天主教峴港教區的主教座堂，也是峴港的第一座教堂。教堂近年來人氣越來越高，優雅的哥德式建築風格在峴港市區如鶴立雞群般引人注目，不過最吸引人的是其淺粉紅色的獨特外觀非常適合拍出俏皮可愛的照片，而且和胡志明市位置在馬路旁邊的粉紅教堂不同的是教堂前有個廣場，可以捕捉到教堂的正面全景並從容自在地欣賞。教堂內部裝飾簡單，不過彩繪玻璃也很值得欣賞。

🔺P.181 🚶從韓市場(Chợ Hàn)步行前往約3分鐘 🏠156 Trần Phú ⏰7:00~18:00 🌐www.nhathochinhtoadanang.org

教堂頂端是在歐洲十分常見的風向雞，因此教堂也有「雞教堂」的暱稱。

同場加映：從會安出發的小旅行

峴港大教堂堪稱 IG 打卡人氣第一，因淺粉紅色的獨特外觀而名列越南最特別的天主教堂之一。

教堂後方有一座紀念聖母瑪利亞的聖壇。

當天來回的行程

去一趟車程才1小時，半天或一天遊時間都剛剛好

占婆帝國與吳哥帝國的爭戰，被生動地記錄在巴揚寺(Bayon)的壁畫裡。

占婆帝國最早以婆羅門教為國教，因此在美山所看到的建築屬於印度式，崇奉的也都是印度神祇。

○ 市區交通
沒有交通工具，只能包車、租車目行前往或是參加套裝行程。

推薦1
距離會安
位於會安西南方
距離約40公里
搭車路程
約1小時

 MAP P.180 **美山聖地**
Mỹ Sơn

如何前往

從會安或峴港參加旅行團前往美山，是最方便的方式，當地幾乎所有旅行社或飯店都有套裝行程或包車服務。若不想參加導覽，也可購買往返美山的接駁巴士車票即可，票價約8美元。從會安包車前往，半天約30美元，一天約50美元。

名列世界遺產之一的美山聖地，是曾經繁盛一時的占婆(Champa)帝國的宗教中心，雖然帝國已不存在，但這個曾在4~12世紀雄霸越南中部的帝國，留下許多令人

去一趟車程才1小時，
半天或一天遊時間都剛剛好

美山聖地分布圖

（地圖標示）H遺跡群　F遺跡群　E遺跡群　C遺跡群　D遺跡群　G遺跡群　A遺跡群　B遺跡群

占婆的建築型式隨著時代的改變也有不同，考古學家根據該藝術特色首先被發現的地點來命名，歸納出其藝術形態及時期。

可惜的是經過近代頻繁又無情的戰爭洗禮，以致遺蹟更形殘破。

在美山聖地的入口，現在設有展廳展示相關的文化資料，但最精彩的占婆雕刻，則是在峴港的占婆博物館。

DO YOU KNOW

美山的建築是怎麼蓋的？

磚是占婆建築最早使用的建材，堆疊出建築本體後在外部塗上一層泥塑形就成了早期的占婆建築了，不過這樣的建築不夠堅固，無法長期保存，後來逐漸被砂岩和紅土岩取代。
巨大的砂岩是占婆神廟建築的最佳建材，體積足夠、光滑的表面又容易雕刻，通常切割成方形石塊後藉由水力和動物運送至工地。紅土岩是另一種常見的建材，取自地底深處的紅土，經過乾燥處理後會風乾硬化，不過表面粗糙不易雕刻，因此通常用於奠定地基或是不加裝飾的牆面。

驚異的大型印度教建築，其中又以美山聖地的規模最大，堪與柬埔寨的吳哥(Angkor)比擬。

占族人以海上貿易為主要經濟來源，他們以盛產的檀香木、肉桂、胡椒、象牙、犀牛角等，與中國、日本、印度等地往來貿易，是波斯到中國東南這條海上絲路的重要環節。同時，他們也是驍勇善戰的民族，北抗大越和中國，西與吳哥帝國征戰。

同場加映：從會安出發的小旅行

Highlights：在美山聖地，你可以去～

編號A是科學家在1898年於美山的新發現，尤其是其中高24公尺的塔廟，當時建築保存得十分完整，可惜在1969年被美軍轟炸成廢墟。

廟身描繪了許多敬獻神明的人像。

建築以紅磚為主要建材，尺寸大小不一，但是如何做到完美的密合，至今仍是考古學界的謎。

現在美山遺蹟裡保留最完整的是B、C、D群。

① 美山聖地遺跡群
Historical Remains of Mỹ Sơn

美山聖地原有70座建築，目前遺留約25座。這裡的占婆建築規模，不像鄰近的吳哥窟如此規模龐大，卻帶了獨特的細緻美感。

占婆塔廟底層形狀為正方或長方形，象徵人世；中間層代表溝通天地的靈界；而頂層為通常又可分成三部分，往上漸縮，最上端飾以荷花苞狀雕刻，代表神聖的天界。塔廟多半門開東方，因為東方為日升之處，在印度教信仰裡有重生之義。

為了利於辨識，現在考古學家將美山聖地的遺蹟分成A、A'、B、C、D、E、F、G、H、K共10大群組，分類與時間順序或建築特色無關。

📍P.189 ✈從會安或峴港參團或包車前往 ☎(235)373-1309
🕐6:00~17:00 💲150,000越盾 🌐dlsanvanhoamyson.vn
❗建議清晨出發，抵達當地正好日出，比較能避開大量的觀光人潮。入口售票處到遺址區可搭乘接駁電動車

最早的約4世紀時的木造建築，可惜7世紀時全被大火燒毀，後來經過多次重建，以磚為主要建材，飾以砂岩雕飾。

美山聖地遺跡平面圖

C遺跡群

D遺跡群

C7
C5
C4
C1
C2
C3
D2
B12
D3
B14
B6
B11
B1
B2
D1
B3
D4
B10
B9
B5
D5
B遺跡群
B8
B7
D6

一般而言，美山的占婆建築群，以中央最高的塔廟為最神聖，稱為Kalan，象徵印度教信仰裡最神聖的須彌山(Meru)，內供奉林迦(Linga)。在編號B、D群組中，B1為中央塔廟，但很可惜已完全倒塌，僅餘一大型林迦座曝露於野草間。C1則是C群組的中心，這個建築的屋頂為船形，在占婆建築裡十分特別。一般而言中央塔廟前有門樓 (Gopura)，中央塔廟附近的建築還包括準備室、寶藏室，另外其它較小的建築分別是奉祀該方位的方位神。

布局 Layout

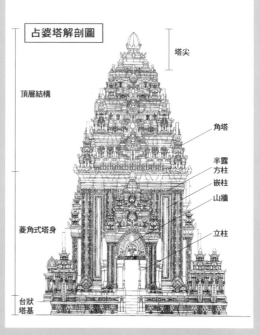

占婆塔解剖圖

塔尖
頂層結構
角塔
半露方柱
嵌柱
山牆
菱角式塔身
立柱
台狀塔基

準備室和寶藏室 Preparation & Treasure Room

林迦 Linga

美山聖地崇奉印度神祇，其中又以濕婆神(Shiva)為最，歷代國王均視自己為濕婆神的轉世。不過，神廟裡祭拜的通常不是濕婆神像，而是如圖的林迦座。林迦的外形如男性生殖器，是生命力和豐饒的象徵，保有生殖崇拜文化的特色。其實，完整的林迦包含兩個部分：突出如男性生殖器的圓柱形象徵濕婆，而且林迦都置放在一邊有開口的方形底座上，稱為優尼(Yuni)，象徵女性生殖器及孕育生命的子宮。

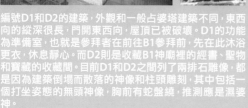

編號D1和D2的建築，外觀和一般占婆塔建築不同，東西向的縱深很長，門開東西向，屋頂已被破壞。D1的功能為準備室，也就是參拜者在前往B1參拜前，先在此沐浴更衣，休息靜心。而D2則是收藏B1神廟裡的經書、聖物和寶藏的收藏間。目前D1和D2之間列了兩排石雕像，都是因為建築倒塌而散落的神像和柱頭雕刻，其中包括一個打坐姿態的無頭神像，胸前有蛇盤繞，推測應是濕婆神。

毗濕奴雕像 Vishnu

這個目前展示於D2的三角門楣，雕著8臂毗濕奴(Vishnu)。

毗濕奴也是印度三大神祇之一，職責為保護眾生，因此有多種化身來執行任務，例如印度經典文學《羅摩衍那》裡的羅摩(Rama)王子、《摩訶婆羅多》(Mahabharata)裡的黑天(Krishna)，都是毗濕奴神的化身。因為此毗濕奴的故事也最多，最受民間歡迎。多臂的形象代表著高強的法力。

印度 V.S. 爪哇雕刻 Indian V.S. Javanese Scuptures

美山聖地的建築，經過數百年的演化，藝術表現融合了印度教、大乘佛教，以及爪哇文化的影響。D1外牆的印度式雕刻，門楣和衣飾都雕刻都較為細緻精美；而B5建築的連續窗型和女神雕像，就十足的爪哇型式。

誰是占族？

占族(Cham)據考證其語言屬南島語系，屬於馬來族的一支，起源於中越一帶。中國秦漢時期曾設郡縣治理越南，東漢末年(192年)占族佔據原本的日南郡，從此開始占婆帝國的歷史，一直到覆亡為步，共計有14朝78個君王。政治重心最早在峴港及附近的東陽，以美山為宗教中心；7~10世紀時勢力最強盛時，領土包括部分現在的寮國和柬埔寨國土。隨著大越(現在越南人口最多的民族)勢力的興起，占婆帝國的勢力逐漸往南遷移，最後在15世紀中葉，被大越族重創，直到1720年才正式覆亡，占族成為越南的少數民族之一。

母系社會 Matriarchal Society

在D1建築裡有這尊梵天(Brahma) 神像。梵天大神在印度神話裡是創造天地萬物之神，通常以3面的形象出現。這尊梵天大神的特別之處在於有明顯的女性乳房，這也是占族藝術和印度原始宗教藝術最大的不同處，因為占族是母系社會，高度尊崇女性，許多印度神祇到了占婆帝國，都出現豐滿的女性軀體，而且也時常以乳房作為建築雕飾。

占婆藝術分期表

藝術形式	時期	於美山遺址的建築對照
美山E1時期 (Mỹ Sơn E1)	7~8 世紀	E1、F1
華萊時期 (Hoa Lài)	9世紀初	A2 、C7、F3
東陽時期 (Đông Dương)	9~10 世紀	A10、A11-13、B4、B12
美山A1 (Mỹ Sơn A1)	10世紀	A1、B5、B6、B7、B9、C1、C2、C5、D1、D2、D4
廣美時期 (Khương Mỹ)	10世紀初	
茶蕎時期 (Trà Kiệu)	10世紀中、後期	
芹苴時期 (Chánh Lộ)	10世紀末到11世紀	E4、F2、K
拾滿或平定時期 (Tháp Mẫm / Bình Định)	11~14世紀	B1、G、H

越南：河內 胡志明市 順化 會安

33

越南：河內.胡志明市.順化.會安 / 李美蒨,墨刻編輯部編輯部作. -- 初版. -- 臺北市：墨刻出版股份有限公司出版：英屬蓋曼群島商家庭傳媒股份有限公司城邦分公司發行,
2024.01
192面； 16.8×23公分. -- (City target；33)
ISBN 978-986-289-972-4(平裝)
1.CST：旅遊 2.CST：越南

738.39   112020968

作者‧墨刻編輯部
攝影‧墨刻攝影組
特約主編‧李美蒨
美術設計董嘉惠（特約）‧李英娟
地圖繪製墨刻編輯部

出版公司
墨刻出版股份有限公司
地址：台北市104民生東路二段141號9樓
電話：886-2-2500-7008／傳真：886-2-2500-7796
E-mail：mook_service@hmg.com.tw

發行公司
英屬蓋曼群島商家庭傳媒股份有限公司城邦分公司
城邦讀書花園：www.cite.com.tw
劃撥：19863813／戶名：書虫股份有限公司
香港發行城邦（香港）出版集團有限公司
地址：香港九龍九龍城土瓜灣道86號順聯工業大廈6樓A室
電話：852-2508-6231／傳真：852-2578-9337
城邦（馬新）出版集團 Cite (M) Sdn Bhd
地址：41, Jalan Radin Anum, Bandar Baru Sri Petaling,
57000 Kuala Lumpur, Malaysia.
電話：(603)90563833／傳真：(603)90576622／
E-mail：services@cite.my

製版‧印刷凱林彩印股份有限公司
城邦書號KV4033 初版2024年1月
定價380元
ISBN978-986-289-972-4‧978-986-289-969-4 (EPUB)

MOOK官網www.mook.com.tw
Facebook粉絲團
www.facebook.com/travelmook

版權所有‧翻印必究

墨刻整合傳媒廣告團隊
提供全方位廣告、數位、影音、代編、出版、行銷等服務
為您創造最佳效益
歡迎與我們聯繫：mook_service@mook.com.tw

執行長何飛鵬
PCH集團生活旅遊事業總經理暨墨刻出版社長李淑霞

總編輯汪雨菁
資深主編呂宛霖
採訪編輯趙思語‧陳楷琪
叢書編輯唐德容‧王藝霏‧林昱霖
資深美術設計主任羅婕云
美術設計李英娟
影音企劃執行邱茗晨

資深業務經理詹顏嘉
業務經理劉玫玟
業務專員程麒
行銷企畫經理呂妙君
行銷企畫專員許立心
業務行政專員呂瑜珊
印務部經理王竟為